AF391823

# Les Sports athlétiques

# Les Sports athlétiques

Football — Course à pied
❧ Saut — Lancement ❧

Par P. et J. GARCET DE VAURESMONT

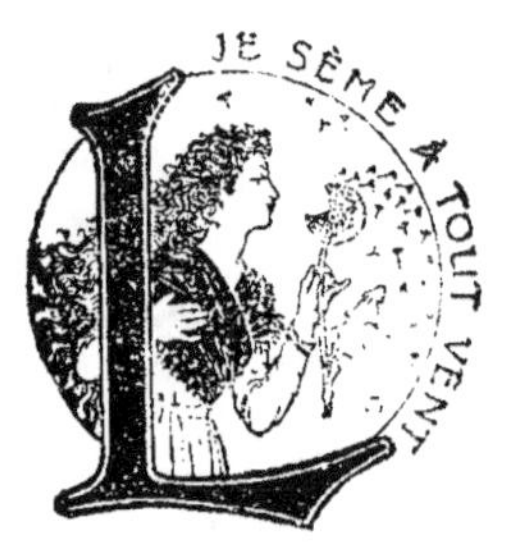



45 GRAVURES
DONT 28 HORS TEXTE

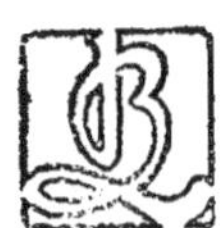

Bibliothèque Larousse
Paris — 13-17, rue Montparnasse

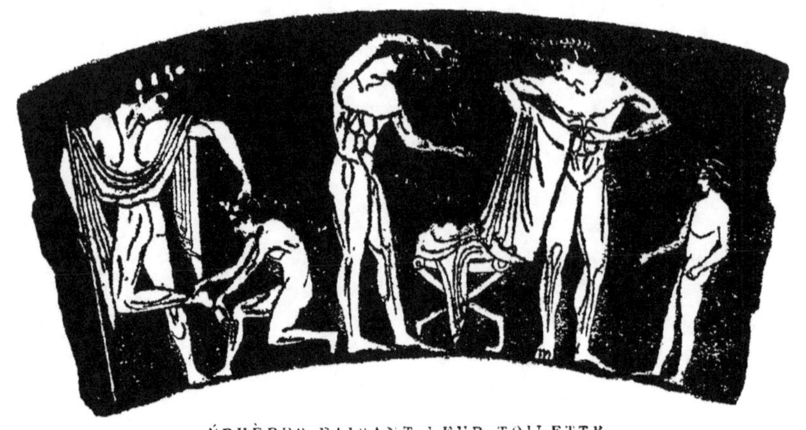



# LE FOOTBALL
## Rugby

**Qu'est-ce que le football ?** — Le football est un jeu de ballon. Le mot *football* est formé de deux mots anglais, jadis séparés par un trait d'union, qui signifient respectivement *pied* et *ballon* (ballon au pied).

On distingue deux façons de jouer le jeu de ballon au pied : le *rugby,* qui admet l'emploi simultané des pieds et des mains, et l'*association*, qui interdit à tous les joueurs, le gardien du but excepté, l'usage des mains. A l'association, on ne joue qu'avec les pieds et, quelquefois, avec la tête.

Le rugby exige un ballon de forme ovale, source de difficultés et de surprises. L'association permet l'usage du ballon rond, moins capricieux et plus maniable.

**Un peu d'histoire.** — Il y a un millier d'années, se jouait dans les provinces occidentales de la France, en Normandie et surtout en Bretagne, un jeu de ballon, dénommé la *soule,* primitif et rudimentaire, mais très prisé par les jeunes campagnards.

Le ballon était une grosse boule informe, bourrée de

terre et de paille. Les jeunes gens de **deux** communes voisines, quel que fût leur nombre, vingt, cinquante ou cent, formaient **deux** camps rivaux. Celui des deux camps qui parvenait à pousser, à coups de **pied**, le ballon jusqu'à la commune de ses adversaires était proclamé vainqueur.

Lorsque, au xi⁰ siècle, Guillaume, duc de Normandie, entreprit et réussit la conquête de l'Angleterre, ses soldats ne manquèrent pas d'emporter avec eux le jeu favori. C'est là qu'il faut rechercher l'origine du football. Il semble donc que ce soit d'un jeu français que les Anglais ont tiré l'un de leurs jeux nationaux.

Voilà pour le ballon rond.

Cinq à six siècles plus tard, quelques seigneurs florentins, émigrant en Grande-Bretagne, apportèrent, avec leurs arts et leurs coutumes, un autre jeu de ballon — ovale, celui-là — dont les dispositions sont identiques à ce qu'est, actuellement, le rugby. En effet, l'équipe était déjà divisée en quinze postes et quatre lignes : huit avants *(innanzi corridori)*, deux demis *(sconciatori)*, quatre demi-arrières *(datori innanzi)* et un arrière *(datori addietri)*.

Les premières parties que jouèrent, outre-Manche, les exilés, révolutionnèrent le flegme britannique, et l'on n'eut de cesse que le jeu ne fût adopté. Ce qui fut fait. Il est donc acquis que c'est un jeu italien que les Anglais ont également promu, chez eux, jeu national.

Voilà pour le ballon ovale.

**La diffusion du football et ses conséquences.** — Si les Anglais ont perdu le droit de réclamer la paternité du football, il n'est que juste de leur laisser la gloire d'avoir conservé et perfectionné ce jeu. On peut affirmer que tout le Royaume-Uni joue au football et que c'est au football que la nation anglaise doit une bonne partie de sa supériorité physique.

Le football n'a passé la Manche que depuis une vingtaine d'années, et nous en éprouvons déjà les bienfaits. A l'heure actuelle, il n'est guère de coin, si retiré soit-il, en France, où il ne se compte une équipe, ou, tout au moins, des membres de l'équipe de la ville voisine. C'est douze ou quinze cents équipes qui, chaque année, disputent un championnat, une coupe ou un challenge.

Les premiers pionniers sont fiers de leur œuvre. La mère française, la plus craintive qui soit au monde, ne redoute plus pour ses enfants, jusqu'alors si bien ouatés et dorlotés, les apparentes brutalités d'un jeu, mal connu et mal joué; les craintes paternelles d'interruption ou de relâchement d'études se sont évanouies; la routine de l'administration universitaire est vaincue. L'on convient, aujourd'hui, que le football est beaucoup moins un danger que le préservatif même de dangers plus grands. Tout le monde le reconnaît.

Et, de fait, c'est le jeu le plus merveilleux qui soit. C'est l'éducateur excellent de l'esprit et du corps. Nulle plume ne saurait décrire l'intérêt passionné qui s'attache, tout comme aux péripéties sans cesse renouvelées d'un drame bien construit, à un match que disputent deux équipes expérimentées.

En vingt ans, ce jeu transforma une génération entière et substitua aux jeunes sceptiques, vides d'intelligence comme de sang, que nous avons tous connus, cette pléiade d'hommes solides et libérés, désormais sûrs d'eux-mêmes et armés contre les surprises de l'existence.

**En Angleterre et en France.** — Le rugby a actuellement quelque six cents équipes sur le territoire français.

Avant d'exposer la rapide propagation de ce jeu en France, voyons ce que nos maîtres, les Anglais, en ont fait depuis la lointaine importation des Florentins.

*En Angleterre.* — C'est au collège de Rugby qu'un directeur imagina, il y a environ quatre-vingts ans, de codifier et de civiliser le jeu passablement informe, qu'avait été si longtemps le *calcio* italien, et une plaque commémorative en marbre y atteste l'apparition, dans le firmament sportif anglais, d'un sport jusqu'alors inconnu. C'est dans ce même collège de Rugby que furent fondés, plus tard, les premiers clubs de football.

Mais, déjà, si l'on avait maintenu la constitution italienne des équipes et la forme ovale du ballon, les règles confuses du jeu toscan avaient fait place à un règlement conforme à la précision caractéristique du cerveau anglais. Et c'est encore, à part quelques améliorations imposées par le temps et par l'expérience, ces mêmes règles qui régissent le rugby contemporain.

En Angleterre, ce jeu a largement profité de la priorité acquise, et nombre de générations ne connurent pour ainsi dire pas d'autre jeu. Ecoles, collèges, universités, usines, mines, armée de terre et armée navale, ont une ou plusieurs équipes de rugby.

On sait la haute valeur des « teams » de certaines universités comme Cambridge et Oxford, de certains clubs comme Blackheath, les Harlequins, Richmond, et, par-dessus tout, la mathématique perfection du jeu des mineurs du pays de Galles, ceux-là qui, venus tard au rugby, ont peu à peu imposé au reste du Royaume-Uni une tactique impressionnante d'adresse et de rapidité.

*En France.* — En France, après vingt ans de timides essais, nous sommes encore loin, malgré de réels progrès, de nos maîtres les Anglais. Quelques matches heureux nous ont cependant rapprochés du but, et le moment n'est peut-être pas éloigné où nous ne regarderons pas comme un exploit l'échec plus ou moins caractérisé d'une lutte contre une bonne équipe galloise.

Ce n'est guère qu'en 1892 que le rugby a commencé à être considéré comme un véritable sport. Auparavant, ce n'était qu'une réincarnation de l'ancienne soule bretonne, d'une furieuse bataille autour d'un ballon, où, seuls, les plus vigoureux sauvaient l'intégrité de leurs membres.

C'est cette même année, où deux naissantes équipes formaient le patrimoine national, celles du *Racing-Club* et du *Stade Français,* que, sur l'initiative de ce dernier, se joua, à Paris, le premier match international, contre une équipe du *Rosslyn Park F C* de Londres. On devine quel en fut le résultat. Les Français, dominés par l'atavisme tenace de la soule, se lancèrent à corps perdu contre les bandes disciplinées des Anglo-Saxons, sans autre tactique que celle de plaquer l'adversaire, et essuyèrent, malgré leurs efforts, leur première défaite internationale.

Toutefois les progrès furent assez rapides pour que, deux ans après, en 1894, sur un terrain aujourd'hui disparu, près d'Asnières, le même *Rosslyn Park F C* subît, de la part du même *Stade Français,* la première défaite franco-anglaise. De même, l'année suivante, en décembre 1895, le *Racing-Club* battait, à son tour, un team de l'université d'Oxford.

Ces deux victoires furent un rayon de soleil dans un ciel qui resta sombre pendant de nombreuses années. Mais, tel quel, le rugby prenait sa place dans la liste des sports athlétiques. Au prix de bien des luttes contre les routiniers de l'administration, contre l'effroi des mères de famille, le mouvement s'étendit et gagna la province. Bordeaux, d'abord, s'y engagea à fond; puis Lyon. Toulouse et Marseille fondèrent des sociétés où le rugby fut la divinité qui enchanta tous les admirateurs du jeu.

**Le terrain**. — Quelle que soit la méthode de jeu que l'on adopte, le terrain de rugby ne varie pas. C'est un rectangle de 100 mètres de long sur 70 mètres de large (*fig. 1*).

Au delà de la ligne de but, on réserve à chaque extrémité une bande de terrain de 22 mètres de profondeur, dont les lignes sont dites *lignes de ballon mort,* c'est-à-dire que, si le ballon dépasse ces limites, il n'est plus en jeu.

Le *but* est constitué par deux poteaux, reliés entre eux par une barre transversale d'une longueur de 5ᵐ,50.

Des lignes sont marquées sur le sol et indiquent, soit l'endroit d'où est mis en jeu le ballon — c'est la *ligne d'envoi,* inscrite à égale distance des deux buts, à 50 mètres — soit le point où le ballon est remis en jeu ; ce sont les *lignes de renvoi,* situées, l'une et l'autre, à 22 mètres de chaque but ; celles qui délimitent le but sont les *lignes de but;* enfin, celles au delà desquelles, de chaque côté du terrain, le ballon cesse d'être en jeu, sont les *lignes de touche.*

## LES MÉTHODES

Les méthodes de rugby sont au nombre de trois : *anglaise, galloise, zélandaise.*

**Méthode anglaise.** — Pendant longtemps, la méthode de rugby fut celle que les Anglais avaient empruntée au *calcio* italien, chacun jouant avec son tempérament particulier, mais suivant des règles identiques.

Les Gallois vinrent plus tard. Ils n'eurent d'abord aucun succès. Ils avaient affaire à trop forte partie ; leurs premières participations au championnat d'Angleterre ne furent que des défaites. Ils se recueillirent alors, voulurent faire mieux que leurs vainqueurs et ils y réussirent.

**Méthode galloise.** — A cette époque, la formation de l'équipe anglaise était la suivante : neuf avants, deux demis, trois trois-quarts et un arrière. Les gens du Pays de Galles modifièrent tout d'abord les lignes, ils adoptèrent la formation à huit avants, deux demis, quatre trois-quarts et l'arrière, estimant avec raison que la présence d'un quatrième joueur en arrière compensait largement la perte du neuvième avant (*fig. 2*).

Ils ne s'en tinrent pas là. Tout en mettant dans les conséquences d'une formation nouvelle la plus grande partie de leurs espérances, ils crurent que la meilleure façon d'avoir raison de leurs imbattables adversaires était, sinon de jouer mieux qu'eux, du moins de jouer plus vite, d'être plus agiles et plus adroits.

Dès lors, de la tête de mêlée à l'arrière inclus, ils ne placèrent que les hommes qui, à leurs qualités personnelles d'intelligence, d'adresse, de force ou de poids, joignaient la rapidité et l'extrême mobilité.

Cela ne suffit pas encore. Le *score* de leurs défaites, pour être moins élevé, n'indiquait pas moins des défaites. Il fallait encore réaliser de nouveaux progrès pour tenir tête aux adversaires.

Ils imaginèrent, sans changer la dénomination traditionnelle des joueurs, d'attribuer à certains d'entre eux un rôle nouveau, et c'est surtout sur les « avants » et sur les « demis » que portèrent leurs efforts.

Alors que les avants anglais, écossais et irlandais, grands, lourds et vigoureux, ont pour objectif la dislocation de la mêlée adverse et le *dribbling* (dribbler, c'est chasser devant soi le ballon à coups répétés de pied ou de genou), ils imposèrent à leur première ligne le ramassage du ballon et les passes d'équipier à équipier, jusqu'alors réservés aux lignes arrières. C'était là une première supériorité, car, l'agilité aidant, les avants s'égaillent, se soutiennent entre eux par des passes courtes et précises : si précises et si rapides que les avants anglais, quand ils parvenaient à arrêter l'homme, n'arrêtaient que lui ; le ballon était déjà en d'autres mains.

Passons aux « demis ».

Antérieurement à la révolution galloise, les deux « demis » se tenaient autour de la mêlée ; l'un des deux recevait le ballon des avants de troisième ligne, le passait au second qui, lui, simple intermédiaire, le transmettait aux « trois-quarts ».

Les Gallois ont vu, dans ce mécanisme, une perte de temps ou, plutôt, un manque à gagner du temps et du terrain, ce qu'il ne faut jamais perdre de vue.

Ils n'ont laissé à la mêlée qu'un seul « demi ». L'autre, dit demi d'ouverture, tient une place intermédiaire entre les « avants » et les « trois-quarts », plus près de ceux-ci. Il a toujours pour rôle de recevoir le ballon du « demi » de la mêlée ; mais, au lieu de passer immédiatement à la troisième ligne, il doit foncer sur les adversaires, tâcher à faire une

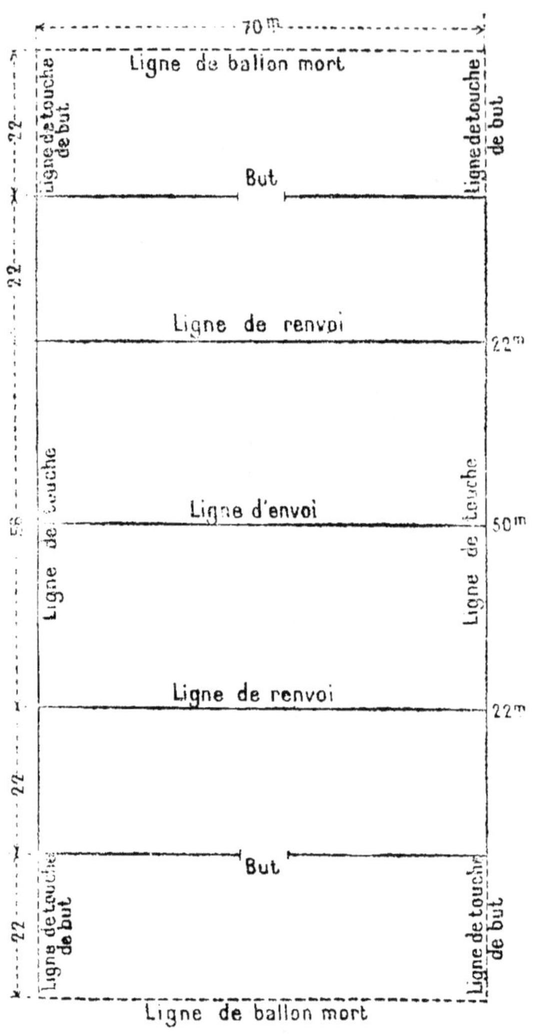



Fig. 1.

TERRAIN DE JEU DE FOOTBALL RUGBY

brèche, une ouverture, comme l'indique son titre, en un mot, gagner du terrain et ne passer aux « trois-quarts » qui se sont mis en branle, dès son départ, que lorsqu'il se voit sur le point d'être arrêté.

Il y a dans cette méthode un avantage considérable, car

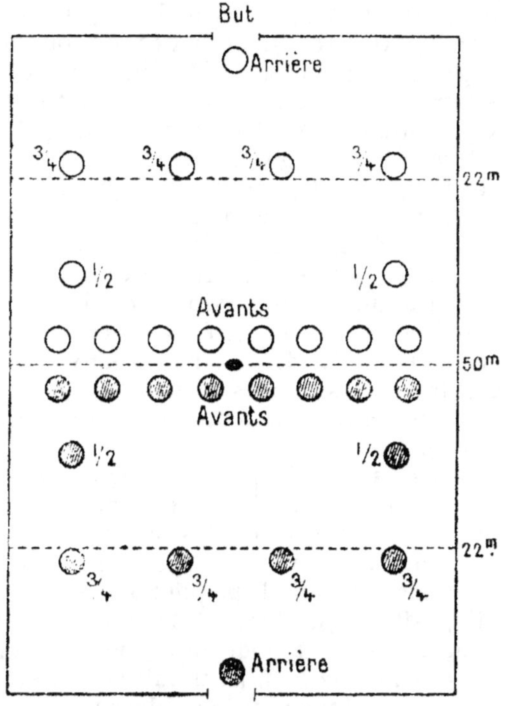


Fig. 2. — Méthode galloise.
Position des joueurs au coup d'envoi.

un habile « demi d'ouverture » peut gagner quinze à vingt mètres de territoire adverse, avant de se défaire du ballon, et joue le rôle d'un cinquième « trois-quart ».

Cette tactique, appuyée sur le principe de la vitesse de course ou d'évolution, montre la raison des succès des Gallois. Ils ont peu à peu poussé, par un entraînement presque journalier, l'adresse manuelle jusqu'à ses dernières limites. Puis, négligeant le jeu classique du dribbling et des passes de trois-quarts, où se confinent exclusivement les Anglais, ils ont établi que l'équipe entière, sauf l'arrière, doit pouvoir se transformer en trois-quarts ; ils ont cherché et trouvé de nouvelles combinaisons. Ils y ont appliqué, au fur et à mesure, et la tactique nouvelle et leur qualité naturelle, si bien qu'ils sont considérés à l'heure actuelle comme les rois du rugby ; si bien qu'ils ont réussi à tenir en échec, voire à battre, de peu, il est vrai, l'invincible équipe des New-Zealanders, qui venait, dans une tournée inoubliable, de mettre à mal l'Angleterre, l'Écosse et l'Irlande liguées contre eux.

C'est de cette école que sont sortis des hommes à qui l'on décerne couramment le titre de roi ou de prince : Gwynn Nicholl, Percy Bush, Owen, les Jones, Trew, Morgan, Bancroft et *tutti quanti*, devant qui tous autres, contraints et forcés, s'inclinent avec admiration.

C'est de ces modèles et de cette méthode, si conformes au génie français — les Gallois ne sont-ils pas des Celtes ? — que la France tentait, depuis vingt ans, l'assimilation, avec quelque espoir de victoire, même sur des équipes galloises, lorsque la tournée zélandaise vint, en janvier 1906, entr'ouvrir, devant les yeux stupéfiés des sportsmen anglais et français, les horizons imprévus d'un rugby plus brillant encore que le rugby gallois.

**Méthode zélandaise.** — Ce qu'on a appelé la *méthode zélandaise* consiste moins dans une conception particulière du rugby que dans l'utilisation plus pratique et plus efficace des hommes sur le terrain. Les joueurs ne sont que quinze, comme ils l'étaient depuis l'époque florentine, mais ils affectent une disposition qui donne à leur action une puissance que ne connaît pas la méthode galloise elle-même (*fig. 3*).

De même que les Gallois, pour vaincre la supériorité anglaise, avaient imaginé un usage différent de certains postes, de même les New-Zealanders se tinrent ce très simple raisonnement que, plus leurs joueurs couvriraient de terrain, plus ils augmenteraient leurs chances de battre, à agilité et à adresse égales, les équipes les plus réputées du monde, c'est-à-dire celles des Gallois.

Ils ont cherché, eux aussi, et ils ont trouvé. Le résultat fut surprenant. Toutes les équipes anglaises, petites ou grandes, nationales ou autres, subirent la loi des coloniaux et furent battues haut la main, sauf en un pauvre match, le dernier, où les Gallois, avec leur équipe nationale sur le grand pavois, réussirent à marquer trois malheureux points.

Quelle est donc cette formation assez efficace pour réduire à néant des équipes de réputation universelle ?

Les Gallois avaient réduit d'une unité le nombre des « avants » : les New-Zealanders le réduisent de deux ; ils ne sont plus que sept (2-3-2) [*fig.* 4]. Ils n'ont aussi qu'un demi à la mêlée ; mais, pour remplacer le second, le demi d'ouver-

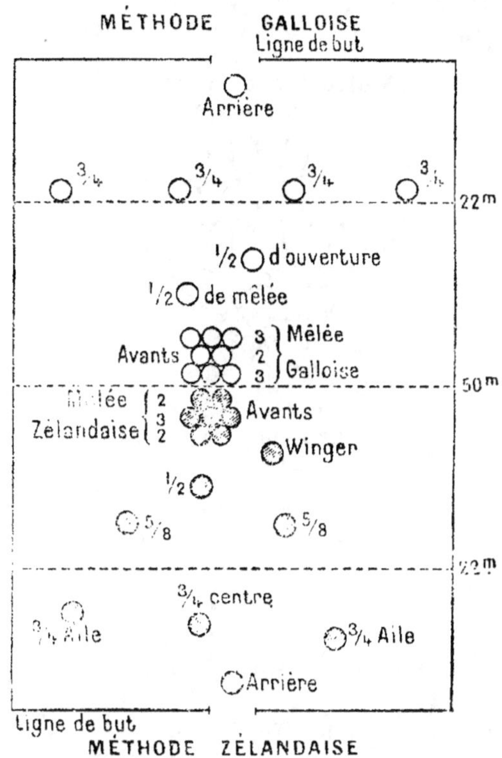



FIG. 3. — POSITION DES ÉQUIPES.

ture. ils ont deux cinq-huitièmes ; les trois-quarts ne sont que trois, mais ils ont le *winger*, ou ailier, rôle nouveau que nous expliquerons plus loin ; de sorte qu'ils possèdent, en liberté, derrière leur mêlée, sept hommes, dont six font ou peuvent faire office de trois-quarts, et le septième, le winger, est là pour gêner, autant que possible, le camp adverse (*fig.* 3) ; la méthode galloise n'en offre que cinq, dont la fonction, par surcroît, est bien autrement rigoureuse et moins souple.

Prenons séparément chaque ligne.

***Les avants.*** — Les avants ne sont que sept (2-3-2) pour
pouvoir résister aux huit avants de la formation galloise.
Les Anglais, et aussi les Gallois, qui ont imaginé de placer
dans leur mêlée des colosses, ne s'attendaient guère aux
surprises que leur réservaient ces sept Zélandais, d'ailleurs aussi résistants et aussi grands qu'eux-mêmes, mais
infiniment plus lestes et plus adroits : ils croyaient les en-

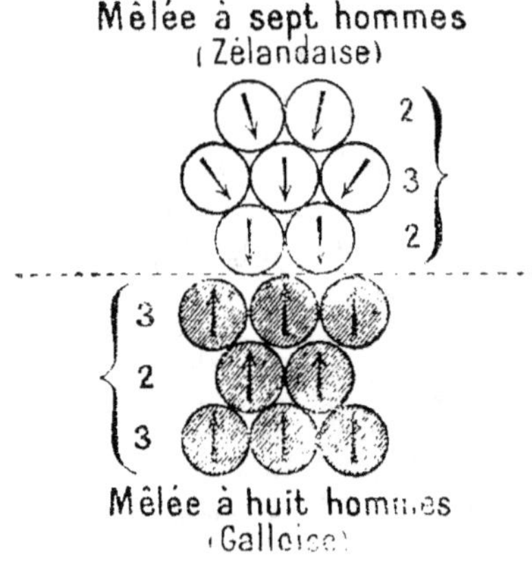



FIG. 1. — LES DEUX MÊLÉES.

L'effort gallois, suivant la direction des flèches, s'exerce
directement contre l'obstacle. L'effort zélandais opère à
la façon d'un coin et tend à disloquer les adversaires.

foncer, sans résistance possible, et c'est eux qui furent
battus.

C'est que le rôle des sept avants zélandais n'est pas de sup-
porter le heurt des huit adversaires. Il est certain que, le
plus souvent, ils y perdraient leur peine. Non, il ne s'agit
pour eux que de soutenir l'effort adverse pendant quelques
secondes au plus, le temps que mettent les deux hommes
de tête à attraper, du pied intérieur, le ballon que lance le
demi sous la mêlée et à le chasser en arrière. Ce n'est plus
une question de vigueur et de poids, mais uniquement une
question d'adresse.

Et ce ne fut pas le moindre étonnement des Anglais, qui
voyaient, malgré leurs efforts, le ballon filer obstinément
aux mains des Zélandais, sans jamais arriver à se l'approprier. Car la position des avants est, pour la sortie du

ballon, d'une grande importance. Talonné par la jambe intérieure des deux têtes de mêlée, il passe sans difficulté entre les jambes du centre de la seconde ligne et entre les deux hommes de la troisième. Il y a là comme une sorte de couloir, où il s'engouffre pour arriver sans accroc au « demi » qui l'attend. C'est une simple question de pratique. Le ballon doit rouler sur le ventre, afin d'éviter les caprices de ses pointes, jusqu'à sa sortie du tunnel.

Un autre avantage de cette mêlée à sept hommes, c'est, dès que le ballon est sorti, la dislocation immédiate du groupe et la possibilité pour les hommes d'aile de soutenir sans retard les lignes arrières, et, de même, une reconstitution plus rapide, si la partie l'exige.

Enfin, particularité peu appréciable pour le spectateur, mais de première utilité pour les joueurs, l'effort des cinq joueurs de seconde et de troisième ligne se porte sur les deux de première ligne et les enfonce, à la manière d'un coin, dans les trois hommes de la première ligne adverse (*fig.* 4); d'où dislocation fréquente de cette dernière mêlée, car les ailiers de celle-ci sont partagés en un double effort : en avant, pour maintenir l'adversaire; de côté, pour conserver avec leur tête de mêlée le contact que compromet la poussée des deux têtes de mêlée adverses.

Voilà le rôle des « avants » de la mêlée zélandaise. Assez difficile à mettre au point, il est d'une grande efficacité, lorsque la pratique et la discipline arrivent à faire du groupe tout entier une seule tête à huit bras.

*Le demi.* — Le rôle du demi est le même que dans la manière galloise; il transmet, le plus lestement possible, le ballon aux lignes arrières.

*Les cinq-huitièmes.* — Au lieu que ce soit le demi d'ouverture qui reçoive le ballon, c'est le cinq-huitième *inside* (dedans), celui des deux qui, selon la situation de la partie, est le mieux placé pour dessiner l'attaque. Le second est nommé *outside* (dehors) (*fig.* 5).

Les cinq-huitièmes, dont je ne me charge pas de justifier ni d'expliquer la dénomination arithmétique, sont une conception propre aux New-Zealanders. Ces chercheurs de quintessence ont imaginé de constituer, entre le demi et les trois-quarts, une ligne supplémentaire de deux hommes.

L'avantage qui en résulte est celui-ci : le demi, suivant la façon dont sort le ballon de la mêlée, suivant la position des adversaires qui peuvent attendre telle ou telle attaque, passe

le ballon au cinq-huitième dedans; celui-ci, qu'il attaque
sur la droite ou sur la gauche, a toujours deux hommes
prêts à le soutenir : l'autre cinq-huitième et le trois-quart
aile, si c'est la droite, les trois-quarts aile et centre, si c'est
la gauche.

C'est donc, d'un côté ou de l'autre, la mise en action de
cinq hommes derrière la mêlée; le sixième, le trois-quart

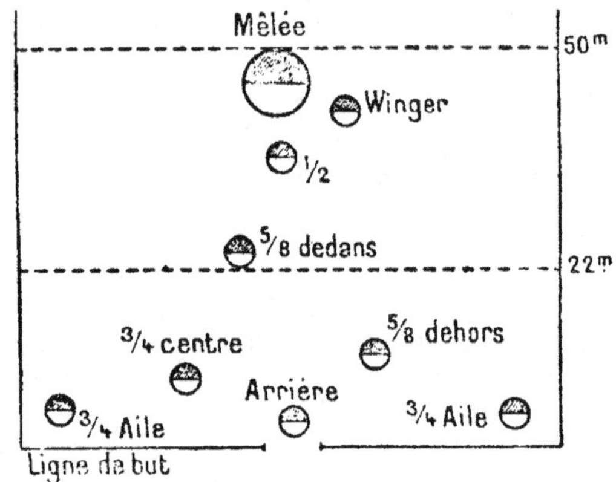


FIG. 5. — MÉTHODE ZÉLANDAISE.

Aspect des lignes arrières, lorsque la mêlée se forme au centre.

aile, avance en ligne droite et surveille les déplacements du
jeu. Son intervention est le plus souvent fructueuse, car
il n'a devant lui que le seul arrière de l'équipe adverse,
obstacle facilement franchissable à l'aide du *winger,* qui
ne manquera pas de se trouver à l'endroit voulu pour recevoir la passe, si cela est nécessaire.

*Le winger.* — La création du *winger,* ou ailier, appartient
également, comme celle des cinq-huitièmes, aux New-Zealanders, qui donnèrent ainsi une nouvelle preuve de leur esprit
éminemment pratique.

Le rôle du *winger* consiste essentiellement à gêner, à contrarier, à déjouer les manœuvres de l'adversaire. A la fois
demi (c'est lui qui met le ballon dans la mêlée, d'où une
nouvelle économie de temps pour le demi en titre, qui n'a
plus qu'à cueillir la balle à sa sortie : cinq-huitième,
au besoin; trois-quart, suivant l'occasion; avant, en de
certaines circonstances; voire arrière, si celui-ci se laisse

boucler, il est tout, sans faire partie intégrante d'aucune ligne ; c'est la mouche du coche, dans le bon sens, qui ne se contente pas de vains bourdonnements aux oreilles de l'attelage en peine, mais, par un travail effectif et fort avisé, sait souvent tirer de l'ornière le char embourbé et le conduire au haut de la côte.

Les wingers zélandais font merveille dans ce rôle, qui est très séduisant, bien que délicat et fort difficile à tenir.

*Trois-quarts.* — Par suite de la présence des cinq-hui-

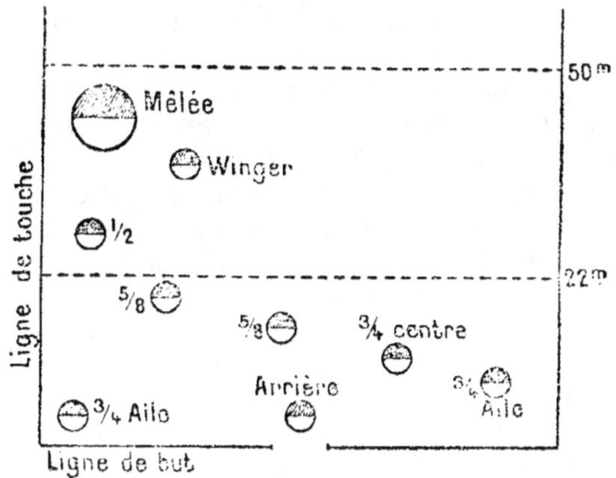


Fig. 6. — Méthode zélandaise.

Aspect des lignes arrières lorsque la mêlée se forme
près de la touche à gauche.

tièmes, la formation zélandaise ne comporte plus que trois trois-quarts. Leur rôle est le même que celui des trois-quarts gallois *(fig. 6)*.

*Arrière.* — Son rôle est le même que dans les autres méthodes.

*Le jeu des Zélandais.* — Telle est la formation qu'ont adoptée les New-Zealanders, formation qui présente, au point de vue tactique et stratégique, de grands avantages. Mais il ne suffit pas d'avoir dans la main la majorité des atouts : il faut savoir s'en servir. Car la combinaison exacte entre tant de lignes diverses est fort malaisée et il ne faut pas moins, pour la mener à bonne fin, qu'une longue expérience ajoutée à une sûreté de manœuvre à toute épreuve, à une agilité endiablée, à une perpétuelle présence d'esprit et de corps, à une adresse consommée, à une discipline sans défaillance.

Les New-Zealanders possèdent au suprême degré toutes ces qualités. Les spectateurs du match du 1er janvier 1906, d'abord stupéfiés par cette véritable exhibition de kaléidoscope, ont pu cependant s'expliquer les défaites successives et formidables que cette équipe de démons avait infligées aux équipes d'outre-Manche. Aucune d'entre elles, en effet, Gallois compris, n'atteint une semblable mobilité.

Le ballon est à peine en jeu que les Zélandais s'en emparent et que... on ne le voit plus. Et plus la résistance est active, moins on le voit. Il circule, de main en main, à la hauteur de la ceinture, de la poitrine, rarement au-dessus des têtes — on pourrait l'intercepter! — On ne devine sa présence que par les mouvements des hommes : les uns qui reculent en se débattant, les autres qui avancent vers le but. Ceux-ci sont les Zélandais.

On les plaque, peine et temps perdus! Le ballon est loin ; car, s'ils ne peuvent éviter pour eux-mêmes l'emprise, toujours, l'on entend bien, toujours le ballon est à l'abri des mains indiscrètes. Il circule, circule... Puis, tout à coup, un homme se détache de la masse et s'effondre au delà de la ligne de but. Trois points gagnés. Qui l'a vu? Personne. Qui l'a deviné? Personne. Qui eût pu l'arrêter? Personne. Quelqu'un se fût-il trouvé là, en bonne posture?... Il aurait peut-être saisi l'homme, mais le ballon, jamais! Un bon camarade eût à propos surgi pour le cueillir et marquer l'essai, inévitable, fatal.

Ils évitent le plus possible les coups de pied, qui sont souvent dangereux. On peut rencontrer un adversaire adroit qui reçoive de volée le ballon. Un cas à citer, cependant : à leur effort, les Français avaient répondu par un effort semblable, et, ma foi, hommes et ballon zélandais couraient grand danger. Pas moyen de se dégager : alors, le capitaine, choisissant de deux maux le moindre et jouant le tout pour le tout, risque un coup de pied de dégagement, c'est-à-dire qu'il envoie d'un coup de pied formidable le ballon au trois-quart aile *fig.* 7, qui de loin surveillait le combat. Le ballon arrive droit dans les bras de celui-ci : comme tous les adversaires étaient groupés du côté opposé du terrain, notre trois-quart avait la route libre et s'en alla, au petit trot, marquer l'essai, avant même que les Français ne fussent revenus de leur surprise.

Ils n'ont aussi que peu recours au dribbling, périlleux lui aussi. Ce diable de ballon ovale a des caprices dont la

garde qui veille aux barrières ne défend pas le meilleur
dribbleur ; puis, il y a des Français qui n'hésitent pas à risquer un coup de botte pour se coucher sur le ballon, laisser
passer la bourrasque et se relever en triomphe. Non, les
mains sont plus sûres.

En un mot, les Zélandais ne négligent rien de ce qui, dans
le moindre temps, peut le mieux les rapprocher de leur but.

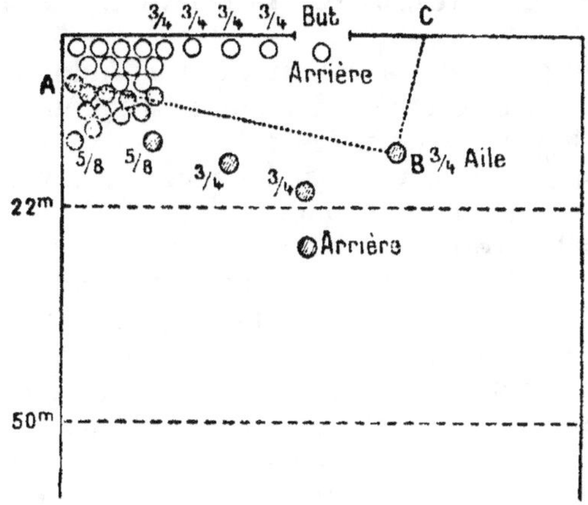


FIG. 7. — COUP DE PIED DE DÉPLACEMENT.

Les *Blancs* sont acculés dans un coin, mais réussissent à barrer le passage à **A**,
porteur du ballon, quoique soutenu par tous les *Noirs*. A se dégage d'un coup
de pied de déplacement, qui envoie le ballon au trois-quart aile B, lequel,
n'ayant personne devant lui, va marquer l'essai en C.

Ils osent tout, le possible et l'impossible, avec une rapidité,
une confiance en soi, une précision, qui ne laissent pas à
l'adversaire une seconde de répit. Leur principale préoccupation est de donner au ballon une activité qui déroute le
camp opposé ; ils le passent, le repassent, le reprennent, le
talonnent, le bottent, le ramassent, attaquent devant, à gauche, à droite, le gardent à peine, s'en débarrassent, ici, là,
ailleurs, derrière, par-dessous la jambe, par-dessus la tête,
souvent avec une témérité extrême. Cela explique l'étour-
dissante mobilité et la vitesse invraisemblable de tous les
équipiers, sans exception, qui surgissent, comme des diables
d'une boîte à ressort, au moment et à l'endroit précis, pour
cueillir le ballon au passage, sans plus d'hésitation et avec
autant d'aisance que le plus exercé des prestidigitateurs.

Eh bien ! cette équipe idéale ne put marquer contre la

nôtre que dix essais et quatre buts — 38 points ! Mais nous
leur tînmes assez haut la dragée pour traverser deux fois
leurs lignes et sortir du combat avec 8 points (deux essais
et un but), résultat qui n'avait été atteint, en Angleterre,
que par le team de Cardiff, au Pays de Galles. Sur-le- champ,
nous conquîmes l'estime des Anglais.

**Le Football militaire**. — Le succès le plus brillant qu'ait
obtenu le football, Rugby ou Association, c'est la conquête
de l'armée.

Sous l'influence des conscrits, qui abandonnent pour le
service militaire le club, où, depuis quelques années, ils
pratiquent le jeu, les autorités militaires, d'abord rétives, ont
été rapidement converties par les récits enfiévrés des fana-
tiques du ballon ovale ou rond.

C'est qu'elles avaient constaté, elles aussi, les périls de la
claustration et surtout les dangers, plus grands, des heures
d'oisiveté de leurs hommes. De-ci de-là, une équipe se forma ;
lentement, d'autres emboîtèrent le pas. La porte s'entre-bâil-
lait et il advint un jour que le bruit et l'effet heureux de ces
timides tentatives franchirent les murs du ministère de la
Guerre, où une parole, décisive autant qu'autorisée, avait,
d'ailleurs, prévenu le Grand Maître de l'armée. Au lieu du
blâme qu'ils redoutaient, les chefs de corps reçurent des éloges
et des encouragements. On toléra, parmi les soldats, la pratique des sports, et l'heure vint bientôt où l'on en recommanda
la diffusion par une circulaire en règle. C'était la victoire.

L'effet fut immédiat. Partout se formèrent des équipes
de Rugby ou d'Association. Les colonels, bannissant toutes
restrictions, préposèrent à cette nouvelle branche de l'activité régimentaire des lieutenants qui, usant pour eux-
mêmes de la permission, n'hésitèrent pas à tenir quelque
poste, sous les ordres d'un sergent ou d'un caporal, équipier en renom d'un club connu.

Actuellement, la caisse du régiment, quand ce n'est pas la
cassette personnelle du colonel, pourvoit aux frais indispensables, que les grands clubs, de leur côté, s'appliquent à
alléger par l'envoi gracieux des ballons, objets aussi nécessaires que relativement chers. Des championnats, des
coupes, des challenges se fondèrent qui se disputent
avec enthousiasme et régularité. Et l'on voit apparaître
déjà l'aurore du jour où, non plus un régiment, mais toute
compagnie aura son équipe.

## LE ROLE DES JOUEURS

**Autrefois**. — Chaque ligne a sa raison d'être, son utilité, son but, sa besogne. On avait dit aux premiers titulaires de chacun des postes :

« Vous, vous serez « avants ». Vous êtes grands, forts. Vous pousserez autant que vous le pourrez, jamais trop. Votre mission, en outre, consistera à sortir, par derrière, à coups de talon, le ballon de la mêlée; le reste ne vous regarde plus. A moins que le ballon, refusant de sortir, ne se faufile dans les jambes des avants adverses; dans lequel cas, vous pousserez de plus belle, afin de le suivre, de ne le perdre jamais de vue, de bout en bout de la partie, toutes les fois que vous serez en mêlée, bien entendu. »

Aux « demis » l'on disait :

« Vous, vous êtes adroits, agiles, lestes, pas grands, vous serez « demis ». Vous devrez, dès qu'il sort de la mêlée, ramasser le ballon et, aussi rapidement que possible, le passer au plus prochain trois-quart et laisser venir. »

Aux « trois-quarts » l'on répétait :

« Vous êtes rapides et courageux. Il vous faudra, dès que le ballon vous sera parvenu, vous élancer en avant, aborder de front, pénétrer et traverser les lignes ennemies. La gloire, c'est-à-dire l'essai, vous sera acquise. »

A l'arrière, enfin, la recommandation était la suivante :

« Vous, vous êtes râblé, costaud, vous arrêterez tout adversaire porteur du ballon et vous renverrez celui-ci d'un coup de pied le plus loin possible. »

Aux trois premières lignes, toutefois, car il faut tout prévoir, l'on ajoutait cette recommandation suprême que, en cas de déception, le ballon, par exemple, restant aux adversaires, chaque joueur devait arrêter, par tous les moyens, les charges ou les courses qui passeraient à sa portée.

Pendant plusieurs années, l'on joua vigoureusement, selon ces préceptes quelque peu démodés. Qu'arrivait-il? Les avants, le ballon sorti, regardaient faire les demis; ceux-ci, le ballon passé, suivaient d'un regard plein d'intérêt les trois-quarts, et les trois-quarts fonçaient à corps perdu sur l'adversaire, passaient en force quelquefois, mais souvent étaient arrêtés, *plaqués*, sans que jamais l'idée leur vint de tenter la passe au trois-quart voisin.

Les Anglais vinrent. Ils ne firent qu'une bouchée de nos

équipes et rirent, comme ils savent rire, de notre prétention à l'art du rugby. Nous allâmes chez eux ; aux joueurs s'ajouta le public qui, sans vergogne et avec la cruauté des foules, dauba vertement sur nos champions.

Pendant une dizaine d'années, la situation ne se modifia guère ; si peu même que les Anglais en arrivaient à ne nous envoyer que des teams formés de quelconque façon, qui, d'ailleurs, finirent par se faire battre à plate couture.

Ces faciles victoires furent cependant les coups d'éperon qui stimulèrent notre désir de mieux faire. On travailla ferme ; on avait encore sur le cœur les railleries de jadis qui, toutefois, d'année en année, tendaient à s'atténuer. Résultat : en 1910, nous tinmes fort honorablement tête à l'équipe nationale du Pays de Galles, qui ne nous battit que par 15 points (5 essais) à rien ; en revanche, nous obtinmes l'avantage sur celle d'Écosse par 16 points (4 essais, 2 buts) à 15 points (3 essais, 1 but et 1 but sur coup tombé).

**Aujourd'hui.** — Les temps sont révolus, ou le seront, dorénavant, à bref délai. Nous n'en sommes plus à la stricte observation d'un règlement aux trop rigides dispositions ; non que nous nous permettions la moindre infraction à la loi (la loi est la loi), mais parce qu'elle admet bien des variations dans son esprit et dans ses termes !

Jadis, nous jouions avec notre mémoire. Il fallait, presque à chaque pas, se rappeler l'article qui commentait ce pas, chercher la manœuvre permise, repousser celle qui ne l'était pas. Le temps, en de semblables conditions, de trouver une combinaison, de comprendre l'acte décisif ! Sans compter que les pieds et les mains n'étaient pas en meilleur arroi que le cerveau, et que le hasard seul commandait en maître.

Aujourd'hui, tout est casé dans la mémoire. Il n'est donc plus utile de s'en occuper. Le champ reste libre pour le cerveau seul. Aussi, tout match n'est-il que stratégie et tactique et, dans cet ordre d'idées, nous ne sommes plus bien loin de tenir avec fruit tête aux Anglais.

Pourquoi nous battent-ils encore si souvent ? Parce qu'ils ont une pratique de trois quarts de siècle et nous, de moins d'un.

Alors, ils nous battront toujours, car ils seront toujours en avance de trois quarts de siècle !

Non, car à cette supériorité incontestable nous opposons, nous, les qualités de notre race qu'ils n'ont pas et qu'ils n'auront jamais : la conception primesautière de la manœuvre à tenter, la même vision de l'obstacle, mais une façon inattendue de le tourner, la même perception du problème à résoudre, mais le sens plus rapide de la solution. L'Anglais joue en mathématicien, le Français en artiste ; tous deux avec la même netteté d'esprit, mais le second avec plus de célérité mentale.

Pour l'Anglais, le gain d'un match dépend, par exemple, de vingt-cinq combinaisons différentes ; il les connaît à fond, il les a étudiées, il sait admirablement par quoi et comment répondre à l'adversaire qui tentera l'une ou l'autre des combinaisons. Il ne lui viendra pas à l'esprit qu'il s'en puisse trouver une vingt-sixième. Le Français, lui, la trouve et l'Anglais s'en laisse voir tout dérouté. Combien de fois n'est-ce pas arrivé, au cours de ces dernières années !

S'imagine-t-on, pour en revenir à nos équipiers, ce qu'on demande non plus à chacune des lignes, mais à chacun des joueurs ? Le voici :

*Les avants. La mêlée.* — Il n'y a plus une ligne d'avants, il y a huit avants, pour ne parler que de la méthode galloise. Ils sont bien encore chargés de suivre le ballon ou de l'attirer vers les lignes arrières ; mais il y a trois lignes, les trois premiers (tête de mêlée et deux piliers) les deux seconds et enfin les trois derniers. Chaque ligne a son rôle, voire chacun des équipiers, dont l'action personnelle contribue à l'action générale. Les deux premières *talonnent*, la troisième *dribble*.

Il ne s'agit plus de jouer à l'homme fort et de tout bousculer. Dans l'état actuel du rugby, les « avants » ont la plus grosse part dans la responsabilité d'une défaite, comme dans la gloire d'un match heureux. Celui-là voyait et disait juste qui les comparait à l'infanterie d'un corps d'armée. Sans celle-ci, que pourrait faire la cavalerie ? Avec des avants mauvais ou même insuffisants, les meilleures lignes arrières resteraient impuissantes et désemparées.

Oui, les avants doivent suivre le ballon ; mais pour attaquer, soit en le dribblant, soit en le ramassant et continuer l'attaque par passes ; alors, les arrières viendront à la rescousse et termineront le mouvement.

Si, au contraire, le talonnage donne le ballon aux arrières et que l'attaque vienne de ceux-ci, les rôles s'intervertissent et ce sont les avants qui aident et soutiennent l'initiative des camarades.

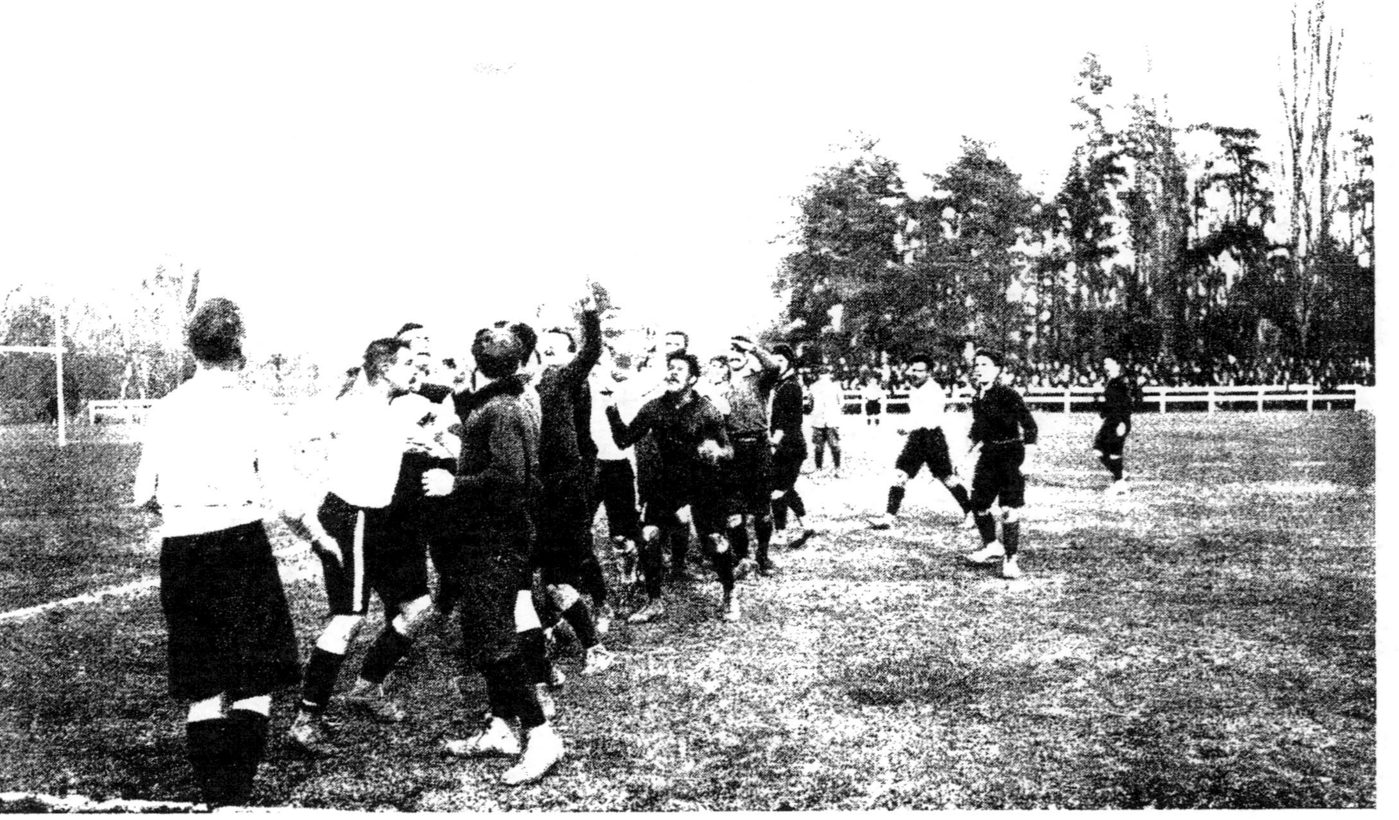

FIG. 8. — UNE TOUCHE.

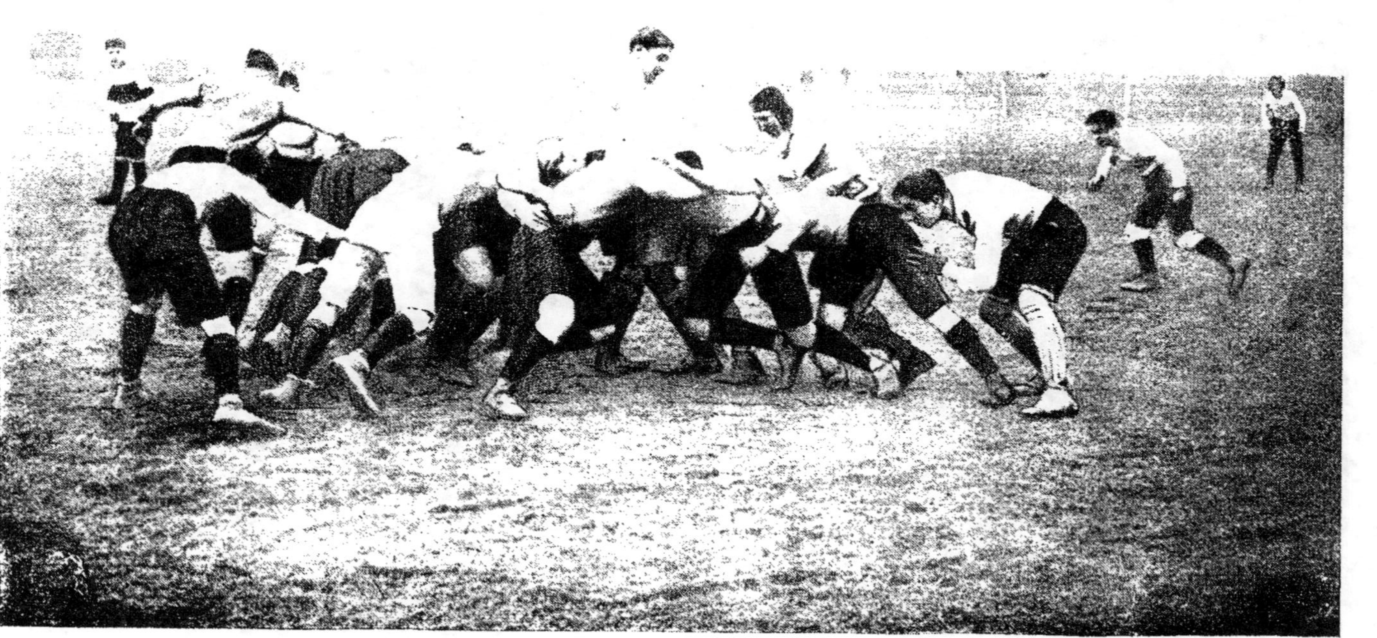

Phot. de la Vie au Grand Air.

FIG. 9. — UNE MÊLÉE TOURNÉE.

Les Noirs ont conquis la possession du ballon, et cherchent à tourner la mêlée pour descendre vers un drop-goal.
Les Blancs, de leur côté, exercent une forte poussée sur cette mêlée tournée pour essayer de la percer.

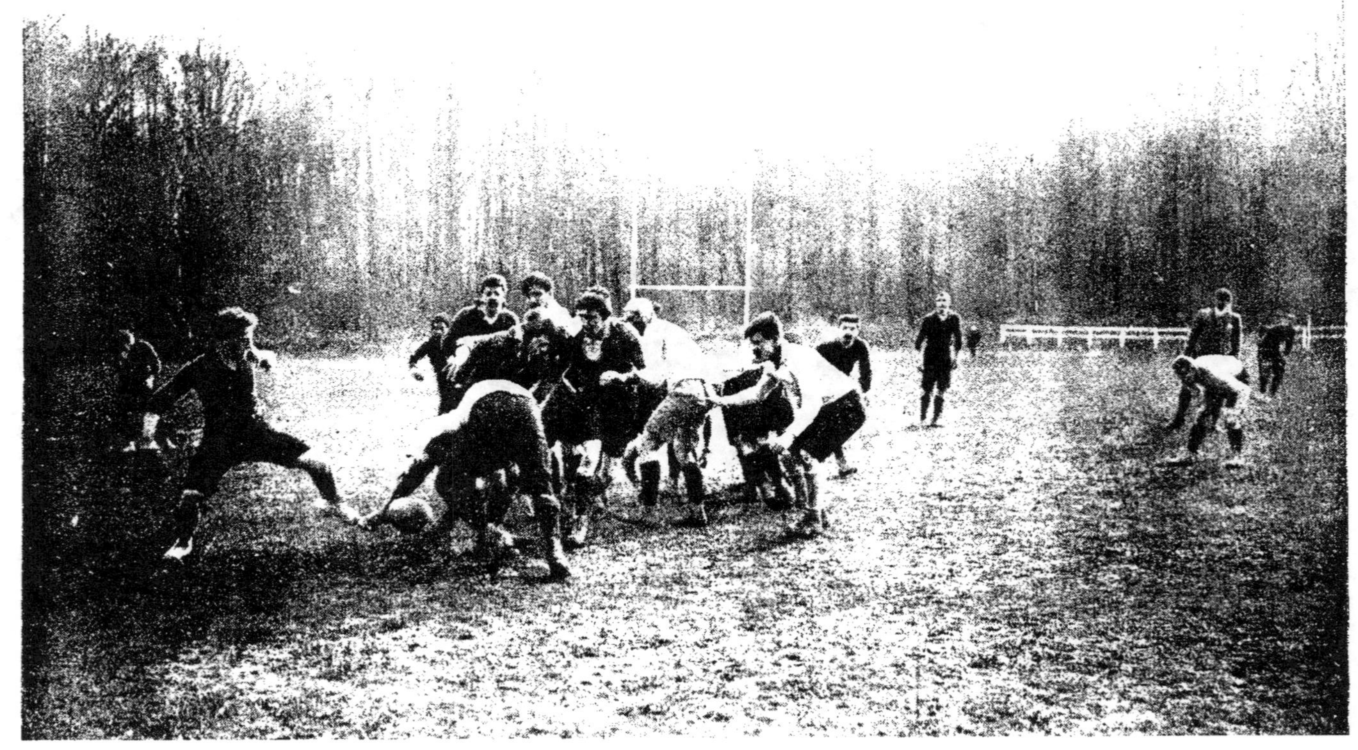

FIG. 40. — UNE SORTIE DE MÊLÉE.

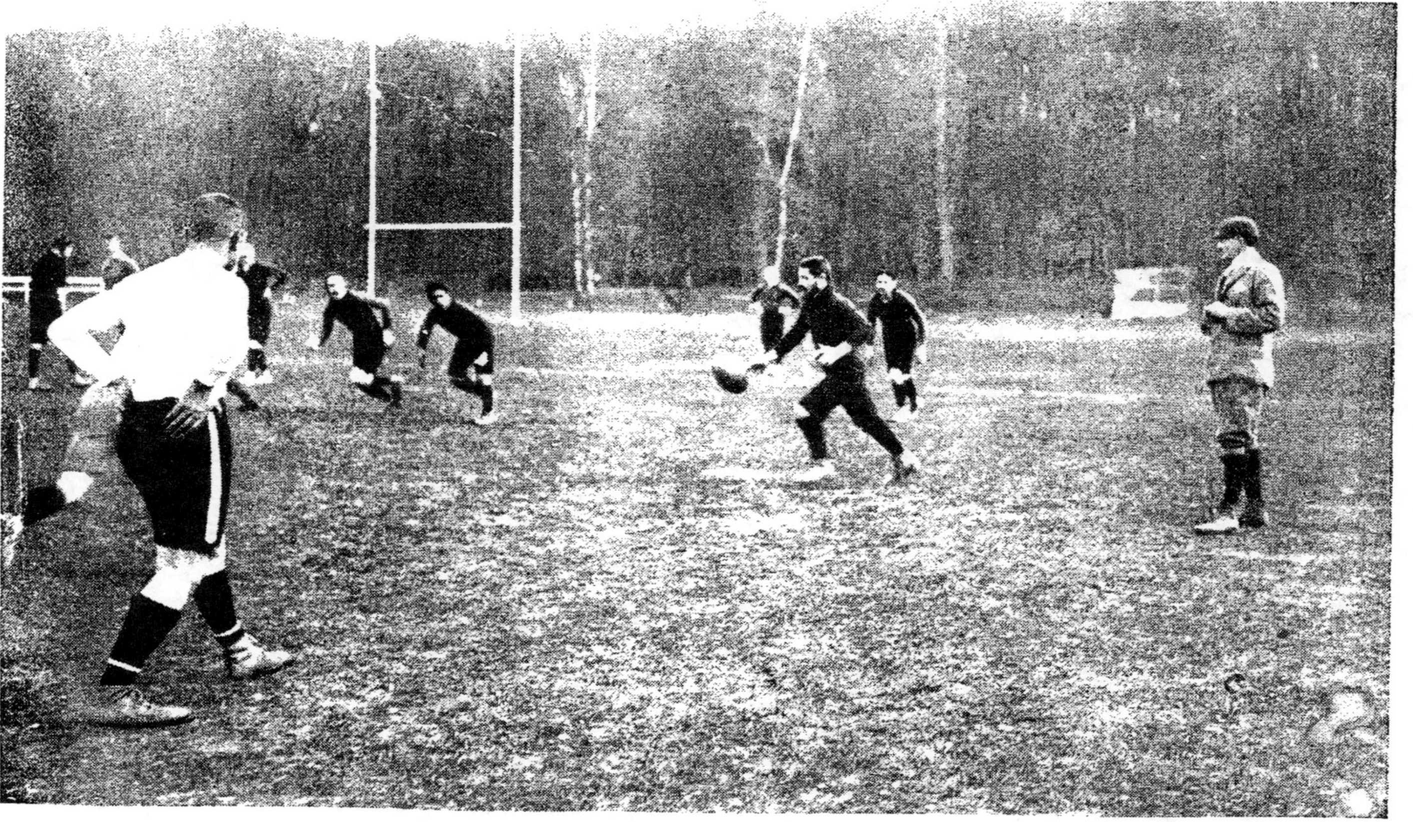


FIG. 13. — UNE PASSE.

Les trois quarts centre amorcent, les trois-quarts ailes terminent.
Le ballon vient de passer de mains en mains de la droite à la gauche de la ligne, et l'aile n'a plus qu'un adversaire à franchir

Les avants sont le plus près de l'adversaire. Si un fâcheux coup de pied lui donne le ballon, ils doivent arriver sur lui en même temps et lui enlever tout moyen de profiter de son avantage. De même, au coup d'envoi, à la mise en jeu du ballon. Les hommes sont rangés autour de celui d'entre eux qui donne le coup de pied. Pourquoi? Parce que celui-ci doit envoyer le ballon, non seulement assez loin pour gagner du terrain, mais aussi assez haut pour qu'ils aient le temps d'arriver sur l'adversaire et d'annuler sa riposte.

De même, si un arrière se trouve dans une position délicate ou périlleuse, les avants iront, sans hésiter, à son secours et s'y trouveront *tous en même temps,* pour lui permettre de se dégager.

Les avants ne doivent jamais se séparer. Le traînard, l'isolé n'est bon à rien; c'est un trou dans l'équipe; quoi qu'ils fassent, ils doivent le faire ensemble. Ils ne doivent jamais perdre de vue qu'ils sont huit à faire une besogne déterminée, qui exige leur concours à *tous* les huit, qu'ils sont tous égaux devant cette besogne. Celui qui court avec le ballon n'est pas plus utile à l'équipe que les sept autres qui le suivent; mais c'est l'action collective des huit hommes qui est utile. Ce qui ne signifie pas qu'il faille se mettre à sept pour accomplir la tâche d'un seul. Il y a une nuance.

Il n'y a pas encore bien longtemps, lorsque les avants, par maladresse ou par malechance, avaient laissé le ballon filer aux pieds, puis aux mains de leurs adversaires, et que ceux-ci revenaient sur eux dans un *rush* menaçant, ils restaient là, immobiles, sans doute exténués de leur effort, comptant sur leurs trois-quarts pour arrêter la charge. Erreur profonde. Ce sont eux qui doivent s'opposer à l'invasion et établir, pour ainsi dire, devant leurs propres lignes arrières, un mur à l'abri duquel ces lignes se reforment.

Et en cas de « tenu » ?

Il arrive fréquemment qu'un joueur, porteur du ballon, est arrêté dans sa course, avant qu'il n'ait pu, ou faire la passe, ou se dégager d'un coup de pied. Il crie : « Tenu » ! met le ballon à terre et une mêlée se forme, dont il est naturellement la tête.

Mais que pourra-t-il tenter, s'il lui faut résister, seul, à toute la mêlée adverse? Il est donc indispensable que les siens le suivent dans sa course et que, au moment de l'arrêt, ils l'entourent tous, prêts à se mettre en mêlée.

Et le principe essentiel qu'aucun homme ne doit jamais être isolé reçoit ici une nouvelle application.

*La touche.* — Une autre phase du jeu d'avants, presque aussi importante que la mêlée, c'est la touche (*fig.* 8).

La ligne de touche est celle qui, de chaque côté du terrain, forme la limite du jeu. Il y a touche, lorsque le ballon dépasse cette limite. Le jeu est arrêté et il faut relancer le ballon. L'homme qui en est chargé est le demi du camp opposé à celui qui a fait sortir le ballon.

Les avants des deux camps prennent position sur deux lignes perpendiculaires à la ligne de *touche*.

Que va-t-il se passer? C'est le demi *Blanc* qui remet le ballon en jeu : c'est donc les *Blancs* qui vont chercher à le saisir et à faire une trouée. Or, les *Noirs* doivent les en empêcher et. pour cela, ils les surveillent, ils les *marquent étroitement.*

Il est bien évident que ce sont les *Noirs* qui doivent être tout yeux, tout attention, car le demi *Blanc* choisit naturellement. pour lui envoyer le ballon, celui de ses camarades qui lui semblera le moins surveillé et le mieux en mesure d'esquisser une attaque.

Dans ce cas, les *Noirs* s'efforcent de marquer exactement chacun son adversaire. Dans le cas contraire, si c'est leur demi qui lance le ballon, ils n'ont intérêt qu'à n'être pas marqués eux-mêmes et à se placer de façon à pouvoir profiter des vides. Voilà ce que les uns comme les autres comprennent rarement et pourquoi les touches sont, en général. si peu correctes.

Le ballon étant reçu par un *Blanc*, que va-t-il faire? Plusieurs partis sont. suivant la conjoncture, également bons.

1° Part-il droit devant lui ? En ce cas, après être allé le plus loin possible, il doit se tenir prêt à faire la passe, ou, à la rigueur, un tenu; car les autres avants doivent l'avoir suivi et surveiller de près ses gestes.

2° Est-il de haute taille? A-t-il surpris un défaut de surveillance chez ses marqueurs? Voit-il ses propres trois-quarts en bon point? Alors, qu'il leur envoie le ballon. Le coup est un peu hasardeux, mais si la précision du geste est sans défaut, il peut très bien réussir.

3° Est-il à une certaine distance du but adverse? Qu'il envoie d'un coup de pied, impeccable, par exemple. le ballon en touche, le plus loin possible, mais en touche et pas ailleurs.

4° Si aucune de ces combinaisons ne lui paraît pratique.

qu'il laisse simplement tomber à ses pieds le ballon et qu'il dribble. C'est, d'ailleurs, la solution la plus fréquente.

Il est bien entendu que, à quelque moyen qu'il ait recours, ses camarades doivent immédiatement se grouper autour de lui et ne pas le lâcher d'une semelle.

*Mêlée tournée.* — Tourner la mêlée (*fig.* 9) signifie, pour l'une des deux équipes, changer brusquement la direction de son effort et déborder, à droite ou à gauche, la mêlée adverse. C'est une opération assez délicate, car il se peut que les adversaires aient, au même moment, la même pensée en prenant l'orientation opposée. En tout cas, voici en quoi cela consiste et à quel but cela répond :

Par crainte d'arrières trop habiles chez l'adversaire, le capitaine a recommandé de « fermer le jeu », c'est-à-dire de procéder par mêlées successives et de garder le ballon entre les jambes. Mais il se trouve que les avants opposés sont lourds et résistants. Le capitaine ordonne : « A gauche ! » ou « Tournez à gauche ! » Le ballon est, en ce moment, entre la deuxième et la troisième ligne d'avants. Le pilier de gauche de première ligne infléchit vers la droite l'axe de sa poussée, ce qui, les autres hommes imitant le mouvement, ébranlera l'équilibre de la mêlée opposée, laquelle se trouvera *en l'air*. Alors, les trois hommes de la troisième ligne se redresseront et partiront en dribbling, entourés des cinq autres qui, sans les gêner, les protégeront contre toute embuscade.

Si c'est l'adversaire qui cherche, ce qui lui est bien permis, à tourner la mêlée, la meilleure défense est, en évitant la dislocation, un effort compact dans la direction du ballon, ou bien, en sortant de la mêlée, d'en reformer une nouvelle devant les joueurs qui vont s'échapper en dribblant. Ce mouvement demande beaucoup de coup d'œil, de sang-froid et de rapidité.

Comme on le voit, le jeu des avants n'est pas ce que, souvent, pensent un vain peuple ou les débutants, qui, sans le connaître, s'y croient aptes, de par la largeur de leurs épaules ou le tour de leur biceps.

*Les demis.* — Dans une équipe de formation galloise, les « demis » sont deux, l'un spécialement préposé au ramassage du ballon, qui débouche de la mêlée, et à sa transmission au demi d'ouverture ; le second chargé de la périlleuse mission de frayer aux arrières une route, le moins possible semée d'épines.

Nous ignorons pourquoi, dans certaines régions, le poste

de demi, surtout de demi de mêlée, n'est pas populaire ni
envié. Si l'équipe, dit-on souvent, est vaincue, la responsabilité de la défaite incombe au demi; si elle est victorieuse, ce
sont les trois-quarts que l'on vante de leur adresse.

Nous ne sommes pas partisan de cet absolutisme. Il est
certain que, si les demis sont mauvais, les trois-quarts ne
feront rien ou pas grand'chose et que, s'ils sont bons, les
arrières auront des chances de briller, à la condition qu'ils
aient eux-mêmes de la valeur. Mais on a vu souvent des
demis excellents devant des trois-quarts très suffisants, et
la partie tout de même perdue.

Il est un fait certain, c'est que le poste de demi est, après
celui d'avant, le plus difficile à bien tenir. Le plus grand
nombre des demis ne sont généralement que passables;
quelques-uns sont bons, mais bien rares les étoiles, aussi
bien en Angleterre qu'en France.

Cela est dû évidemment à la difficulté du poste. A un demi
il faut, pour être bon, une activité, un sang-froid, un coup
d'œil et un jugement très développés. Il ne deviendra supérieur, parfait, que par un accroissement continuel de ces
mêmes qualités; d'où sa qualification méritée d' « oiseau
rare » ou de « merle blanc ».

*Demi de mêlée.* — Les fonctions du demi de mêlée ne
sont pas très nombreuses et, sur le papier, paraissent très
simples : mettre le ballon en mêlée, le recevoir (*fig.* 10),
quand il sort, le passer au demi d'ouverture; ou, si le
ballon s'égare chez les adversaires, tomber sur leur demi,
le plaquer, l'empêcher de se débarrasser de la balle, tâcher
de la reprendre... quoi de plus simple?

Et, cependant, pour mettre le ballon en mêlée, suffit-il de
le jeter, au hasard, dans les jambes des avants? Nullement.
Il faut même s'en bien garder. Le ballon, inconscient, s'en
irait aussi bien chez les uns que chez les autres; si c'est
dans les jambes des coéquipiers du demi, l'arbitre aurait
vite fait de rappeler à l'ordre le délinquant, c'est-à-dire le
demi lui-même, qui ne doit pas favoriser son équipe; si
c'est chez les autres, c'est l'intérêt des siens qui lui interdit
de faire le jeu de ses adversaires.

Non, le ballon doit arriver sous la mêlée, à égale distance
des jambes des deux camps. Mais il n'est pas défendu d'agir
au mieux de ses intérêts. Comme la mêlée subit généralement, en attendant le ballon, quelque oscillation, le demi
saisira le moment où *sa* mêlée avance, si peu que ce soit.

La tâche de la première ligne s'en trouvera facilitée et l'arbitre n'aura rien à dire ou, plutôt, à siffler.

Et ensuite? Voilà le ballon qui circule entre les pieds qui s'agitent. Voyez comme le demi Blanc se courbe en deux, surveille ses allées et venues; le ballon apparaît derrière le centre de la troisième ligne. Vite! un bond, un geste, et le voilà qui s'envole vers le demi d'ouverture, pendant que le demi Noir, qui n'a rien vu, ou qui a vu trop tard, ou qui est moins vif, tombe en vain sur son collègue aux mains vides. Très simple, en effet, ce rôle, mais quelle légèreté et quelle précision il demande! Il n'est pas besoin de savoir où est le demi d'ouverture, de perdre une demi-seconde à le chercher. Il est là, il doit y être... et un bon demi d'ouverture y est toujours.

C'est parfait. Mais le ballon ne croit qu'à la force, à la rigueur des pieds qui l'attirent. Il est donc possible que, vaincu par des arguments frappants et supérieurs, il passe à l'ennemi. Notre demi le voit s'éloigner; il objurgue les avants. Trop tard! le ballon est loin. Et l'infortuné demi de se précipiter, tout au moins pour arrêter son adversaire direct, le demi Blanc qui, lui aussi, attend le ballon à l'orée des jambes de ses avants... Hélas! Un bref coup de sifflet dénonce une faute. Hypnotisé par la fuite du ballon, le *Blanc* est allé trop loin (*fig.* 11); il se trouve, sans s'en douter, entre la mêlée et le demi Noir, en territoire absolument réservé, il est *off side* ou hors-jeu! Et l'adversaire bénéficie d'un coup franc.

Prenez garde aux *off side*, messieurs, et modérez vos emballements. C'est un des écueils de votre poste.

*Demi d'ouverture.* — Le titre indique la fonction. Une fois le ballon reçu, le demi d'ouverture file droit devant lui, afin de ne pas acculer à la ligne de touche les trois-quarts qui le secondent. Il pousse sa pointe, directement ou par crochets, ou par feintes, le plus avant possible; mais *avant* qu'il ne soit arrêté, il doit avoir passé le ballon aux trois-quarts. Puis il suit, à son tour, prêt à donner de nouveau (*fig.* 12). Il est libre de s'élancer d'un côté ou de l'autre de la mêlée — affaire de coup d'œil. Il aura toujours, à droite ou à gauche, deux trois-quarts pour le soutenir.

L'un et l'autre demis, s'ils savent arrêter un dribbling, auront, non seulement une grande supériorité sur les quatre cinquièmes de leurs camarades, mais aussi le droit de croire qu'ils rendent de grands services à leur équipe.

On sait que dribbler (mot inexistant, mais expressif) consiste à pousser devant soi, du revers du pied ou du genou, le ballon qui roule sur le sol. Or, on est rarement seul, quand on dribble. Le dribbleur est presque toujours suivi de deux ou trois gaillards qui lui forment une escorte et le gardent des embûches imprévues.

Pour arrêter ce dribbling, il n'est pas d'autre moyen à peu près sûr que de se coucher en travers sur le ballon;

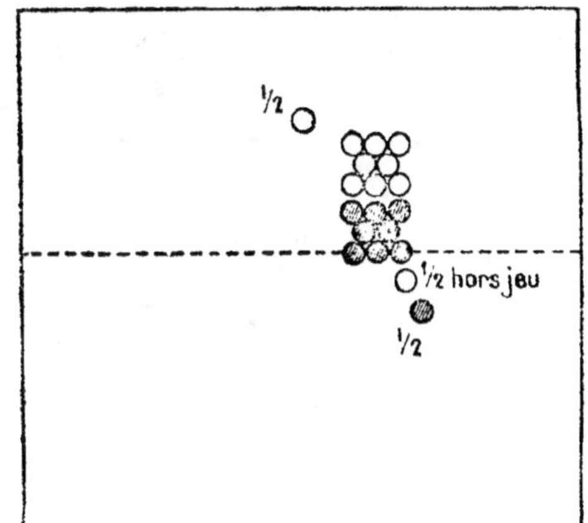



FIG. 11. — LE HORS-JEU.

Le demi *Blanc*, par sa position entre la mêlée *noire* et le demi *Noir*, est hors-jeu ou *off side*.

puis, la trombe passée, on se relève, et on file en sens inverse. Mais ce n'est point sans grandes chances de recevoir dans le dos, dans les côtes ou dans les reins, un certain nombre de coups de botte, destinés, il est vrai, au ballon, mais qui n'atteignent pas moins, souvent... les joueurs.

On peut dire que l'on sauve ainsi à son camp un certain nombre d'essais. C'est un encouragement et cela vaut bien quelques coup de pied.

Pour arrêter les dribblings, il ne faut jamais se jeter, la tête en avant, au-devant des dribbleurs; car c'est la tête ou la figure, plus sensible, qui recevraient de douloureuses contusions.

Il y a bien une autre façon d'arriver au même but; c'est, pour un coureur extrêmement rapide, souple et adroit, de passer à toute vitesse devant le dribbleur, de cueillir le ballon à l'un de ses rebonds et de dégager d'un coup de pied. Cela peut réussir, mais c'est hasardeux.

**Les trois-quarts.** — Les trois-quarts sont de tous les joueurs de l'équipe ceux qui sont le plus en vue et dont le rôle a le plus d'influence sur les appréciations du public : ce qui est à la fois pour eux un plaisir et un désagrément. Plaisir, lorsque leur vitesse et leur adresse ont amené la réussite d'un coup heureux ; désagrément, quand la mauvaise issue

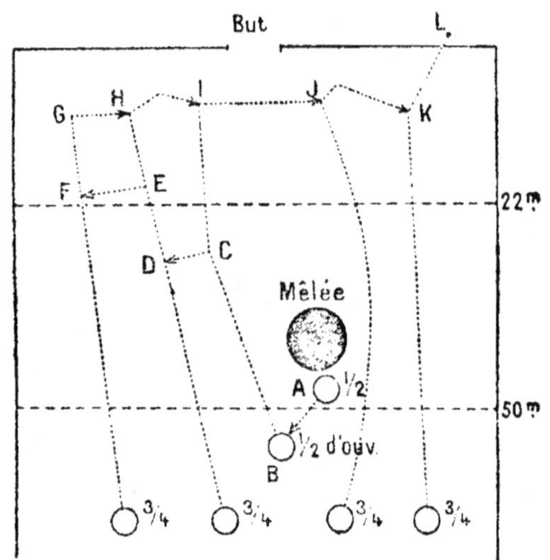


FIG. 12. — UNE ATTAQUE SUIVIE D'ESSAI.

Le ballon vient, suivant la ligne AB, du demi de mêlée au demi d'ouverture, qui fonce (BC) et passe (CD) au trois-quart centre qui a suivi ; le trois-quart continue la passe reçue (DE) et passe (EF) au trois-quart aile gauche. Celui-ci va jusqu'en G ; arrêté, il passe (GH) au même trois-quart centre (C) qui, à son tour, repasse au demi d'ouverture (HI). Empêché, le demi B rencontre le second trois-quart centre, accouru de son côté, et lui passe le ballon (IJ), que va recevoir enfin le trois-quart aile droite (JK), lequel, biaisant un peu, va marquer l'essai en L. Les adversaires sont supposés massés le long de leur but et provoquer les cinq derniers mouvements, qui sont très rapidement exécutés.

d'une combinaison fait du joueur malchanceux le bouc émissaire d'une galerie déçue.

Tout brillant et extérieur qu'il est, le rôle des trois-quarts ne laisse pas d'offrir une complexité redoutable. Leur qualité physique dominante, c'est la vitesse ; mais il ne suffit pas, loin de là, de courir vite, il faut courir à propos ; à la troisième ligne, tout autant qu'aux autres, c'est la réflexion et le sang-froid qui dictent les actes ; la vitesse n'en est que le complément.

Les trois-quarts sont quatre : *deux centres* et *deux ailes.*

Le rôle des centres est différent de celui des ailes. En principe, les premiers amorcent, les seconds terminent (*fig.* 13). Mais il ne s'ensuit pas, comme nous l'avons souvent entendu dire, que le trois-quart aile ne soit qu'une machine, une catapulte, un boulet, et que le raisonnement lui doive être chose légère.

Quand les centres — ce qui ne se produit que trop souvent — au lieu d'attirer et de conserver sur eux-mêmes le gros de l'ennemi, ont acculé leur aile à la touche et que celui-ci, ne sachant plus comment remplir son rôle de zèbre, est cerné de toutes parts, que fait-il ? Va-t-il se laisser prendre, perdre le chemin déjà parcouru et le terrain gagné ? Ne donne-t-il pas, à ce moment précis, un coup de pied de dégagement ? N'est-ce pas une preuve de raisonnement ? Puisque presque toute la troupe des adversaires lui barre la route, il y a donc chance que son collègue de l'autre aile soit démarqué, et il envoie le ballon là où il suppose qu'il tombera dans le désert. Combien d'essais n'ont-ils pas réussi par cette manœuvre ingénieuse ?

En tout cas, le trois-quart centre a, dans l'échec de la combinaison, plus de responsabilité que l'aile. Si, au lieu de courir en biais, il avait foncé droit devant lui, les adversaires ne se seraient pas trouvés en groupe devant le trois-quart aile, qui eût alors, grâce à sa vitesse, conservé sa chance de déborder un seul trois-quart et l'arrière.

Voilà le défaut très commun aux trois-quarts centre. Ils peuvent avoir, ils ont souvent une excellente conception, mais ils courent, ou parallèlement à la ligne des 50 mètres, ou en oblique vers la touche. Dans un cas, ils ne gagnent pas de terrain ; dans le second, ils annihilent le secours possible du trois-quart aile.

Dans la défense, les trois-quarts doivent posséder un long coup de pied, capable d'atteindre la touche dont leur place les tient éloignés, du moins en ce qui concerne les centres, et un arrêt sûr. Lorsque l'arrière, pour une cause ou pour une autre, est obligé de quitter momentanément la garde du but, c'est un des centres qui veille sur le réduit. Ils doivent donc avoir les mêmes qualités que l'arrière.

L'arrêt par un trois-quart d'un adversaire arrivant sur lui à toute vitesse est chose commune. Les quatre trois-quarts doivent savoir arrêter. Jamais par le haut du corps ou par la tête, mais *par les jambes*, entre les genoux et le buste, ou plus bas, d'un coup de main. Il ne faut pas un gros obstacle pour culbuter un coureur lancé. Si un crochet du coureur le met hors de portée du bras, jetez-vous, trois-quarts, à sa poursuite. Si vous ne le rejoignez pas, vous l'inquiéterez, vous l'obligerez à courir droit, vous l'empêcherez d'éviter l'arrière par un nouveau crochet; celui-ci ne l'en arrêtera que mieux.

Les trois-quarts doivent, au besoin, savoir dribbler. En voici un, centre ou aile, bouclé à quelques mètres de son but. Bien entendu, il ne tente pas une passe qui risquerait d'être interceptée; mais il ne peut pas, entouré de toutes parts, se dégager par un coup de pied; il n'a qu'une ressource :

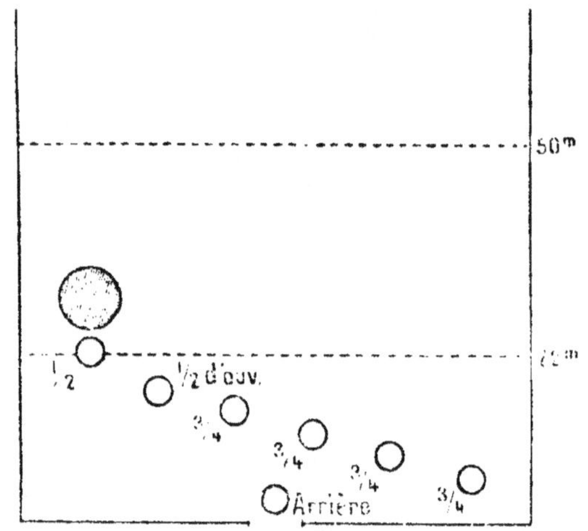


FIG. 14. — LES LIGNES ARRIÈRES.
Les trois-quarts s'échelonnent sur toute la largeur du terrain,
si la mêlée est près d'une touche.

mettre le ballon à terre et tenter le dribbling. Cela peut réussir, mais il faut qu'il sache manier le ballon du pied.

Voici, au hasard, d'autres observations dont tous les trois-quarts peuvent faire leur profit :

Ne jamais se gêner mutuellement, en se mettant à deux pour arrêter un homme ou ramasser le ballon.

Pendant la mêlée, s'échelonner, si elle se forme non loin d'une touche, sur toute la largeur du terrain, et légèrement en arrière les uns des autres (*fig.* 14), de manière que la ligne forme comme une branche d'éventail ouvert, dont la pointe est le demi d'ouverture.

Éviter de dépasser, de si peu que ce soit, le joueur de qui

l'on attend la passe, ce qui constituerait un « en avant » et donnerait lieu à une pénalité. Les passes doivent se faire, soit en arrière, soit en ligne droite, rigoureusement parallèles aux lignes intérieures de démarcation du terrain. Il est aisé de comprendre cette prescription. Il serait trop facile de gagner du terrain, en lançant avec la main le ballon à un équipier placé à 10 ou 15 mètres en avant de soi.

Les passes doivent être, de préférence, courtes, mais nettes, à la hauteur de la ceinture, par un coup sec, mais pas trop vigoureux.

*L'arrière.* — Pas plus que les bons demis, les bons arrières ne sont légion. C'est que, là encore, les qualités requises sont multiples ; il faut mettre au premier rang la robustesse, la mobilité, l'adresse, l'arrêt, le sang-froid et le jugement. De plus, c'est un poste de confiance. Une équipe qui sent ses derrières protégés par un homme sûr joue sans crainte et joue beaucoup mieux que celle qui a des doutes sur la solidité ou le calme de son gardien de but.

Le jeu de l'arrière, en principe, est exempt de complications : arrêter tout porteur du ballon, arrêter les dribblings, saisir le ballon, qu'il lui vienne par la voie de terre ou par la voie de l'air, et le renvoyer d'un coup de pied.

Mais ce n'est qu'une apparence. Pour un match, où son équipe, très supérieure à l'adversaire, ne lui donne guère de besogne, combien d'autres où, de bout en bout, il est à l'ouvrage !

Une des difficultés du poste d'arrière, c'est le choix judicieux de la place à prendre. A quelle distance doit-il être des trois-quarts ? Le plus souvent, il en est trop près..., à moins qu'il n'en soit trop loin. Dans un cas, le ballon, qui passera au-dessus d'eux, passera vraisemblablement au-dessus de lui.

Le voilà obligé à se retourner et à courir après. Situation dangereuse et temps perdu. Dans l'autre cas, le ballon tombe, plus ou moins loin, devant lui. Il lui faut s'avancer, surveiller à la fois le ballon et l'adversaire, qui arriveront sans doute ensemble. Et notre arrière est bouclé en un rien de temps. Nous pensons qu'il est encore préférable de se tenir plus loin que plus près et de voir le danger en face, plutôt que de le sentir sur son dos.

Il doit surveiller avec attention les phases du jeu. Se placer de façon à faire face, au moment et à l'endroit voulus, à l'adversaire qu'il doit attendre de pied ferme, sans perdre de vue qu'il peut être la victime d'un crochet suprême.

Nous avons vu des arrières, à tout propos, sans que rien expliquât ce mouvement désordonné, charger, ballon sous le bras, les adversaires; c'est une grosse faute. D'abord, ils abandonnent leur poste, puis ils annulent la fonction des trois-quarts.

L'arrière ne peut charger qu'en deux circonstances : 1° trop pressé ou gêné, il cherche à s'échapper, il gagne toujours quelque terrain, avant de donner son coup de pied; 2° si le terrain est déblayé devant lui, il fournit la plus longue course, mais il ne doit chercher ni à feindre, ni à passer. Menacé, il donne son coup de pied, en touche toujours, et il regagne sa place.

**Le capitaine.** — La qualité principale d'un capitaine, et la plus impérieuse, c'est de savoir former son équipe.

En ce qui concerne la ligne d'avants, il doit éviter toute spécialité exclusive, écarter sans pitié un homme qui, sous prétexte qu'il a le dribbling admirable, dédaigne et néglige de parti pris les passes ou les coups de pied. Il faut que tous soient capables de participer à la besogne commune dans la même mesure. Un avant qui joue pour se faire applaudir est un mauvais avant, si brillamment joue-t-il. C'est surtout dans la ligne d'avants que sont dangereux les héros isolés.

Il est nécessaire que les huit hommes, comme poids et comme taille, soient à peu de chose près semblables. L'homme qui dépasse les 100 kilos, alors que les autres oscilleront entre 60 et 75 kilos, détruira l'équilibre de la mêlée et sera forcément moins mobile que ses partenaires. De même, un avant, beaucoup plus rapide que ses camarades, est un élément de trouble dans la parfaite régularité d'effort et de mouvement qui doit être la caractéristique de la ligne.

Un exemple fréquent et frappant est le suivant : la mêlée adverse disloquée, les avants s'élancent en dribblant. L'un d'eux ramasse le ballon et continue l'attaque en courant. Plus rapide, il gagne, en quelques enjambées, une dizaine de mètres. Mais il va être arrêté. Son rôle exige, à ce moment, qu'il passe la balle à un camarade mieux placé que lui. Mais à qui, puisqu'il est seul en avant? Les autres ont bien cherché à le suivre; mais, plus lents, ils sont encore hors de portée. Résultat : l'homme est *plaqué* et la manœuvre, qui s'annonçait bonne, tourne au profit des adversaires.

Il fut un temps, pas très éloigné, où le capitaine — cela paraissait logique — était choisi, soit par ses équipiers, soit par désignation du comité de la société, parmi les meilleurs joueurs. Mais il arrivait que ledit joueur, une fois en possession de ses trois galons, devenait, en tant que joueur, médiocre ou à peine passable.

Cela s'explique. La préoccupation du commandement, la responsabilité nouvelle, un peu lourde à de jeunes épaules, l'hostilité plus ou moins latente des camarades qui s'estimaient les plus dignes du pouvoir, tout cela faisait que le capitaine perdait en partie les qualités qui l'avaient recommandé au choix de ses dirigeants ou même de ses collègues.

Le temps a marché. Le capitaine est aujourd'hui un homme qui connaît admirablement bien la théorie et la pratique, conduit son équipe d'une main douce, mais sûre, et souvent d'une façon très ingénieuse. Bon joueur, comme il convient, il est cependant plus stratégiste et tacticien. Il est fier, mais non féru, de sa fonction, et reste le bon garçon modeste qu'il était dans le rang. Au moral comme au physique, il sait ce qu'il peut espérer de ses hommes, il les a dans la main, comme l'on dit, et ils le suivraient — ils le suivent — jusqu'au bout de leur dernier effort, pour assurer, dans une pensée commune, la victoire de leurs couleurs.

**L'arbitre.** — L'arbitre d'un match est un homme choisi d'un commun accord par les deux équipes en opposition, ou, s'il s'agit d'un match de championnat, désigné d'office par la Fédération à laquelle elles appartiennent.

Dans un cas comme dans l'autre, l'arbitre est le maître absolu de la direction à donner à la partie. Encore une vérité qui n'est entrée que peu à peu dans la cervelle de nos footballeurs. L'autorité de l'arbitre et son infaillibilité nécessaire sont sans appel, commît-il les plus grosses bévues.

Combien de fois n'avons-nous pas entendu, à la fin d'un match, à l'heure où, libérées de la discipline, les langues reprennent leur libre activité, cette phrase, vibrante et sèche :

« Cet arbitre-là, il pourra bien rester chez lui ! S'il n'y a que moi pour le déranger... »

On reproche volontiers à un arbitre de siffler des fautes que soi-même l'on n'a point vues ou de n'en siffler point qui lui ont échappé et qui, par hasard, ont favorisé l'adversaire.

D'abord, l'arbitre, si habile, si expérimenté soit-il, ne saurait tout voir. Il est, dans les phases d'un match, au train surtout dont on les joue à notre époque, telles conjonctures où il lui est interdit, à lui comme aux joueurs, comme aux spectateurs, qui s'en mêlent souvent, de savoir exactement ce qui se passe.

Doit-il, en ce cas, s'en rapporter à la réclamation d'un équipier, fût-ce le capitaine?

Évidemment, non. Et d'abord, comment, s'il n'a pas vu la faute, déterminera-t-il la pénalité? Ensuite, admettre une réclamation, n'est-ce pas s'obliger à les admettre toutes?

L'arbitre — c'est d'ailleurs la jurisprudence consacrée par la loi — ne doit et ne peut siffler que les fautes qu'il a vues, de ses propres yeux vues. Les réclamations à poings tendus, d'où qu'elles viennent, sont inadmissibles. Exemple:

« Mais cet essai a été marqué après un « en avant! »

— Tant pis!

— Vous n'avez pas sifflé!

— Encore une fois, tant pis! Je n'ai pas sifflé, parce que je n'ai rien vu... Je ne pourrais revenir là-dessus, même si vous me convainquiez de mon erreur... »

L'arbitre a raison. Il est censé avoir vu ce qu'il siffle et n'avoir pas vu ce qu'il ne siffle pas. Et il ne saurait en être autrement. Le capitaine, qui se croit lésé, a certes le droit de réclamer contre une faute ou ce qu'il croit avoir été une faute, mais il n'a pas le pouvoir de montrer à l'arbitre une faute que l'arbitre n'a pas vue; s'il ne l'a pas vue, il ne pouvait évidemment pas la siffler.

Il pourrait même répondre ceci au capitaine:

« Qui me prouvera le bien-fondé de votre réclamation? N'est-ce pas la perte de quelques points qui arme votre langue et motive votre plainte? Qui me dit que, sur votre ligne de but ou au milieu du terrain, vous eussiez ainsi élevé la voix? Et si j'admettais votre protestation et que votre adversaire en émît une aussi, de son côté? Pourquoi n'admettrais-je pas la sienne, comme j'aurais admis la vôtre? »

N'est-ce pas le langage même de la raison et l'U S F S A n'a-t-elle pas sagement agi, en proclamant l'infaillibilité de l'arbitre? Entre deux maux, elle a choisi le moindre.

L'arbitre ne doit donc écouter que sa conscience, appliquer, en toute indépendance et en toute impartialité, les articles d'une loi qui, comme toutes les lois, ne vaut que par ceux qui sont chargés de la mettre à exécution. Il faut donc à l'arbitre, en de nombreuses occurrences, un doigté assez fin, assez exercé, un ascendant moral, tels que puissent s'avaler sans grimace certaines pilules quelque peu amères.

Techniquement parlant, l'arbitre doit être un ancien

joueur, retraité après services éminents, qui connaît le règlement dans tous ses détails et, en même temps, toutes les roueries du jeu.

*Arbitres de touche.* — Les arbitres de touche, un de chaque côté, circulent sur la ligne de touche. Ils sont munis d'un drapeau par le moyen duquel ils indiquent le point où le ballon a franchi les limites. Ils désignent en même temps le camp à qui revient la remise en jeu.

En cas d'essai, les arbitres de touche se portent derrière les poteaux de but, pour s'assurer de la transformation en but. Mais là, comme sur la touche, ils n'ont que voix consultative et l'arbitre n'est pas tenu de partager leur avis.

## L'ENTRAINEMENT

Il est une chose certaine et par tous reconnue : le rugby, comme tous les jeux par équipe et plus que les autres jeux similaires, exige un entraînement, sinon continu — les forces physiques trahiraient les plus belles ardeurs — du moins beaucoup plus fréquent que ne le permet l'organisation sociale et administrative de la France.

Une des principales causes de la supériorité que l'on reconnaît aux Anglais, c'est précisément la liberté plus grande dont jouissent les jeunes gens. Ils s'entraînent ou jouent deux fois par semaine, alors que les nôtres, retenus six jours sur sept par leur maison de commerce, leur administration ou leurs études, n'ont en tout et pour tout que le dimanche, c'est-à-dire moitié moins.

En outre, aussitôt libre, le jeune Anglais ne pense plus qu'à une seule chose : l'entraînement. Il court au *ground* et n'en revient que chassé par la nuit. Comparez-lui nos jeunes gens. Ils aiment bien le rugby, certes! Mais tel qui, pour un empire, ne manquerait pas le rendez-vous dominical, trouvera cinquante raisons pour une d'échapper à la séance d'entraînement; puis, cette séance, sans galerie qui se chuchote à l'oreille le nom de X..., l'international, de Z..., de Y..., joueurs de grand avenir, est-ce vraiment fait pour lui? En a-t-il bien besoin, quand, le dimanche passé, il a marqué à lui seul deux essais, couverts de bravos?

L'entraînement, voilà la pierre d'achoppement des équipes, quoi qu'en pensent les étoiles du rugby, internationales ou autres. On sait que X...., Y... ou Z... sont d'excellents joueurs ; mais, cependant, s'ils jouent pour eux tout seuls, ils ne valent rien, malgré leur éclat. Dans le jeu, ils ne sont chacun que le quinzième membre d'une équipe et ils ne doivent conserver que dans cette proportion leur individualité, jouer pour l'équipe et non pour soi. Cette abnégation nécessaire, c'est l'entrainement en commun qui la donne, plus ou moins vite, mais fatalement.

De plus, on peut n'être ni manchot, ni bancal, ni asthmatique, ni cardiaque, et manquer de l'entrainement physique, qui permet, pendant 80 minutes, de courir en tous sens, de se démener, de résister, de pousser, comme il peut arriver dans un match.

Tout cela est si évident que les équipes, rares, trop rares même, qui ont exécuté un entrainement intermédiaire, ont fait en très peu de temps des progrès considérables, qui ont influé d'une façon très heureuse sur leur jeu et leurs succès.

L'entrainement avait battu son plein plusieurs fois par semaine, le soir, sur un terrain de la zone militaire, dûment éclairé *à giorno* par les soins du club; le résultat ne s'est pas fait attendre. Un beau dimanche, l'on vit les équipiers prendre instinctivement leur poste et remplir mécaniquement chacun son rôle, sans autre besoin de réflexion sur l'opportunité de telle ou telle manœuvre et sans trainards ni essoufflés.

Est-ce un entrainement individuel, voire à plusieurs, qui eût pu donner ce résultat? Alors, que penser de ceux-là que leur grandeur — à leur avis — retient un peu partout, excepté au champ d'entrainement?

Ces réflexions s'appliquent à la méthode galloise et plus encore, en raison de son défaut presque complet d'acclimatation, à la méthode zélandaise, où l'homogénéité absolue de l'équipe est d'expresse nécessité.

*Individuel.* — Le rugby exige, comme qualités personnelles des joueurs, de la souplesse, du muscle, de la résistance, du souffle, de l'adresse, pour ne parler que de l'état physique.

Il semble qu'un joueur avisé, au retour des vacances, pendant les quelques semaines qui s'écouleront encore avant la reprise du rugby, puisse, de lui-même, prévoir les courbatures qui, après les premiers matches, le ploieront en deux; les légères contusions qui résulteront de heurts ou de chutes, alors que six mois de morte saison ont fait disparaitre l'aguerrissement de la saison défunte. Dès lors, pourquoi ne faire point le nécessaire pour éviter les unes, prévenir les autres?

Pour réassouplir le corps, la gymnastique de chambre, les haltères, les poids, les *exercisers,* remplissent admirablement bien cette première nécessité de la saine circulation du sang. La souplesse et la résistance n'en reparaissent que plus vite.

A-t-on beaucoup circulé en automobile? Rien n'est aussi dangereux pour les habitudes d'activité; on part, élancé, leste, on revient alourdi et bedonnant. Dans ce cas, beaucoup de marche, un peu de course à distances progressives, ramèneront aisément l'agilité compromise, et l'on se retrouvera pimpant et sans ventre.

Les mains et les pieds ont également perdu, sans doute, le maniement du ballon, ce ballon aux pôles rétrécis que, il y a six mois, on lançait ou recevait aisément. Quelques passes avec un camarade, quelques coups de pied, en l'air et au travers des poteaux de but, remettront sans autre peine les choses en état et, le dimanche suivant, l'on « épatera » les camarades mal avisés qui souffleront, resteront en arrière, souffriront de « points de côté », manqueront d'aplomb sur leurs pieds, toutes choses pourtant faciles à éviter et humiliantes pour l'amour-propre d'un athlète!

D'ailleurs, un capitaine prudent et prévoyant devrait avant les premières rencontres exiger de tous ses hommes sans exception cette remise en bon point préalable. Quels avantages n'en tirerait-il pas? Avoir une équipe bien entraînée est le rêve de tout capitaine, mais ce n'est, pendant plusieurs semaines, qu'un rêve. Pendant un mois ou un mois et demi, on ne sait que trop ce que sont les matches, dits d'entraînement. A tous les coins du terrain, que d'éclopés, de boiteux, de gens qui se tiennent la tête, le bras ou les reins! Ceux-là que n'ont pas contusionnés un choc ou une chute, perdent la respiration, ont les jambes molles, les muscles détendus. C'est un bien joli spectacle.

Remarquez que le mois d'octobre est généralement pluvieux ou, tout au moins, humide, que le sol gazonné n'offre aucune résistance, et que, trois mois plus tard, ces mêmes gaillards, douillets comme jeune fille, joueront, rouleront, tomberont sur un sol gelé et dur à l'égal de la pierre, sans seulement s'en apercevoir ou sans que s'en formalise leur anatomie.

Donc, tout avantage avec l'entraînement préliminaire de... la bête. Temps gagné et premiers matches presque aussi intéressants que les derniers.

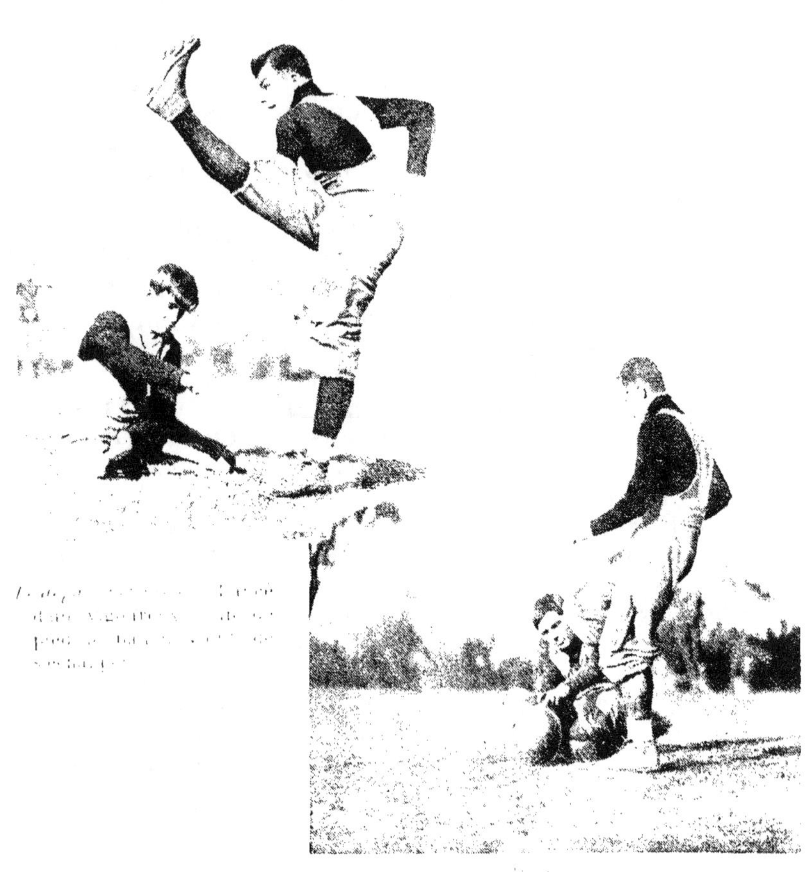

L'ENTRAINEMENT
PRÉPARATION DU LANCEMENT ET LANCEMENT DU BALLON.

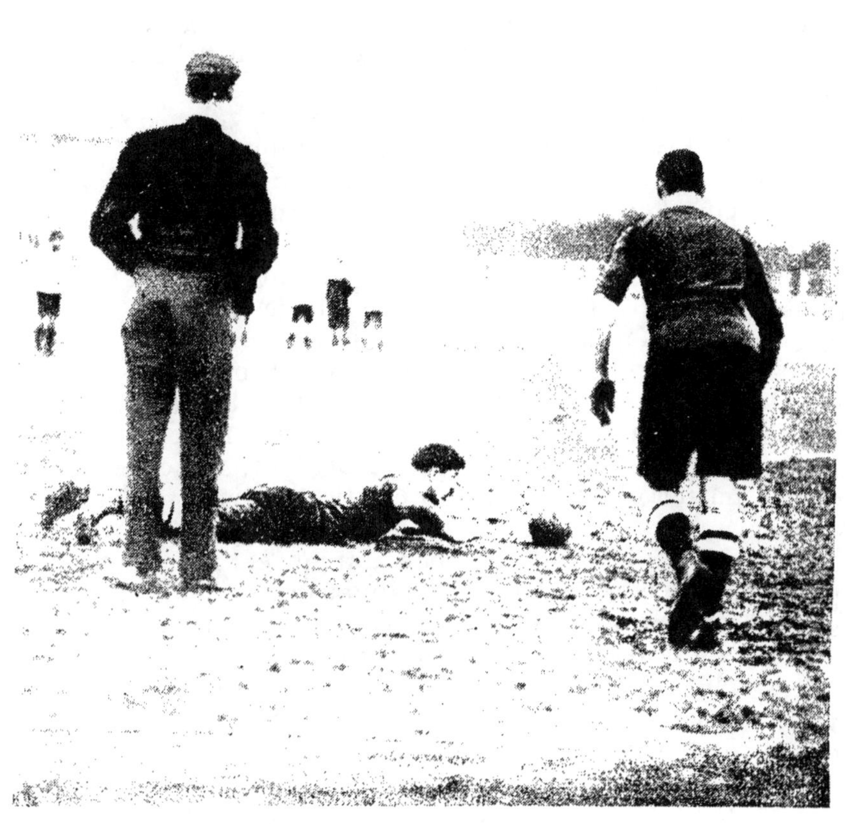

## LA DISCIPLINE

L'esprit de discipline est aussi indispensable aux jeux par équipe, dans l'espèce, le rubgy, qu'il l'est sous les drapeaux. Autant le bon sens, le sens commun réprouverait l'immixtion d'un soldat, au mépris de ses supérieurs, dans la direction d'un régiment en campagne, autant il faut regretter la manie de critique ou de dérision des joueurs qui, devant l'adversaire, n'ont pas de mots assez amers ou de moqueries assez acérées qu'ils n'adressent à tout propos à leur capitaine. Évidemment, si c'était eux, tout marcherait bien mieux ! pensent-ils.

D'autres, point méchants, ni jaloux de galons, se contentent de bavarder comme de vieilles femmes, à tort aussi bien qu'à travers, donnant conseils sur conseils à leur voisin, interpellant leurs coéquipiers, le capitaine, voire les adversaires.

D'autres, encore, ne jugeant pas pertinents l'avis ou l'ordre qu'ils reçoivent, obéissent en haussant les épaules, se considérant comme offensés de leur sujétion.

En Angleterre, où le capitaine est aussi maître sur le terrain que charbonnier chez soi ou que l'amiral sur son vaisseau, aucun équipier, en eût-il la pensée, ne se risquerait à de semblables incartades. On le prierait, séance tenante, d'aller porter ailleurs ses appréciations, ses bavardages et sa science.

En France, le capitaine, bon garçon et bon camarade, prend à part le récalcitrant ou la mauvaise tête, lui adresse de paternelles observations, le calme, le flatte, ou bien ne dit rien du tout et laisse passer l'orage.

Des deux capitaines, c'est évidemment l'Anglais qui a la vraie conception de son rôle. Bon garçon, soit, mais en dehors du service. Sur le terrain, tout le monde obéit.

Nous avons connu des équipes où chaque ligne possédait au moins un capitaine. Les avants en avaient deux, le vrai et la tête de mêlée ; le demi d'ouverture commandait au demi de mêlée ; un trois-quart centre entendait que *sa* ligne ne marchât que d'après ses indications, pendant que l'arrière dirigeait d'entre ses poteaux de but le pseudo-capitaine de la troisième ligne. Une vraie tour de Babel !

Reconnaissons avec équité qu'il n'en est plus ainsi et

que, s'il reste, ici ou là, quelques braillards ou de rares
mauvaises têtes, la tenue d'une équipe sous les armes est
presque aussi correcte que celle de n'importe quelle équipe
anglaise. L'esprit absolu de discipline des joueurs d'outre-
Manche, leur impassibilité sous le reproche, parfois im-
mérité, a plus fait pour refréner l'intempérance française
que les objurgations paternelles et le bon-garçonnisme des
capitaines. Mais il importe peu. Le résultat est acquis.

Nul doute que cette modification profonde de notre caractère, par essence batailleur et frondeur, n'ait été la cause,
en partie déterminante, des progrès remarquables de ces
dernières années. De même que le jeu individuel a, pour
ainsi dire, disparu chez nos équipiers, de même le capitaine donne en toute confiance ses instructions, que chacun
suivra religieusement. Et tous les matches — ceux de certaines équipes méridionales exceptés — se jouent dans un
silence parfait, que trouble seule la voix du capitaine.


## L'HYGIÈNE

Au joueur de football qui s'inquiète — il y en a — de la
meilleure hygiène à suivre, l'on dit volontiers : « Votre hygiène, c'est bien simple. Ayez une vie régulière, ne faites
d'excès en aucun genre qui vous épuise, même d'une façon
passagère ; que votre nourriture soit saine ; avec un peu
d'huile camphrée, avant le match, une douche et une bonne
friction, en rentrant chez vous, vous n'aurez à vous inquiéter
de rien... »

Ajoutons à ces recommandations un conseil qui a une
tout autre portée et disons aux footballeurs du ballon rond
comme à ceux du ballon ovale : « Faites-vous d'abord des
poumons, et sachez respirer... »

Les poumons, habitués à de larges inspirations d'air extérieur, supportent facilement la somme énorme de travail
auquel ils sont astreints, tandis que les poumons insuffisamment développés ne peuvent satisfaire à l'intensité du
besoin de respirer, produit par ce même travail.

Chez les premiers, l'air extérieur, attiré par une inspira-
tion puissante, trouve sa place dans les replis les plus
reculés et gonfle des cellules, qui, chez les seconds et faute
d'entraînement préalable, ne peuvent prendre part à la
fonction de l'organe.

C'est la gymnastique respiratoire qui leur manque, à ceux-là qui s'en vont les jambes molles et les épaules voûtées. Or, les poumons ont besoin de gymnastique, tout comme les bras, les jambes ou les reins. Par des inspirations d'air puissantes et répétées, ils acquerront un plus grand volume ; les cellules, dont l'action sera ainsi fréquemment sollicitée, finiront par rester ouvertes et s'associeront régulièrement aux mouvements respiratoires.

Toutefois, respirer fort et souvent ne suffit pas encore au développement des poumons. Il est bon et nécessaire de pratiquer certains exercices, qui aident l'augmentation de la puissance respiratoire.

Il est reconnu que ce n'est pas sur les membres supérieurs, sur les muscles des bras ou des épaules, qu'il faut compter pour obtenir le résultat convenable, mais sur les membres inférieurs, c'est-à-dire les jambes.

Le saut à la corde est donc tout indiqué. L'action très active des muscles des jambes, se combinant avec le mouvement de rotation des bras, **facilite** très efficacement le jeu des poumons. Et le remède est vraiment à la portée de toutes les bourses.

Il est bien évident que cela ne saurait interdire, après le **match**, ni la friction, ni la douche, ni même la nourriture saine.

## LE COSTUME

Rien de simple comme le costume du footballeur : un maillot, une culotte, des bas, des chaussures, et, facultativement, un protège-oreilles.

Le *maillot*, en laine et à manches, adhérera exactement au corps. Il est nécessaire, indispensable, qu'aucun pli, aucune *poche*, n'offrent à l'adversaire une possibilité d'emprise.

La *culotte*, pour la même raison collante et sans poches, sera en drap ou en flanelle. Cette dernière étoffe est préférable. Elle descendra jusqu'au genou, laissant libre l'articulation.

Les *bas*, laine ou coton, seront à la mode écossaise, retroussés sous le genou.

Les *chaussures* (*fig.* 17), par contre, sont spéciales, ont un rôle. On ne peut jouer en chaussures de ville ni en espadrilles. Blanches, jaunes ou noires, elles exigent un cuir souple, très résistant, avec un renflement au bout du pied, destiné à protéger les doigts du contact toujours violent du ballon. Les chaussures sont toujours garnies, sous la semelle, soit de deux barrettes de cuir et d'une autre sous le talon, soit de six crampons de cuir d'un centimètre de haut et de deux autres sous le talon. Cette dernière disposition est la plus employée. Elle est indispensable pour éviter, en courant, les glissades. Les chaussures de football doivent être lacées dans des œillets et non dans des crochets.

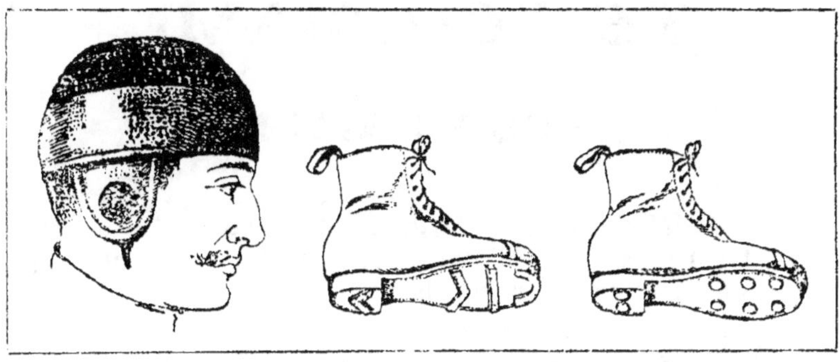

Fig. 17.

| Modèle de protège-oreilles. | Chaussures munies de barrettes. | Chaussures munies de crampons. |

Ceux-ci sont interdits, en raison des blessures qu'ils peuvent occasionner.

Le *protège-oreilles* (*fig.* 17) est une bande de cuir mince qui entoure le crâne, soutient les oreilles et vient se fixer sous le menton. Question de sensibilité.

Il n'y a pas de couleurs fixes pour le maillot et les bas, sinon celles du club auquel l'on appartient. La culotte est généralement blanche ou noire.

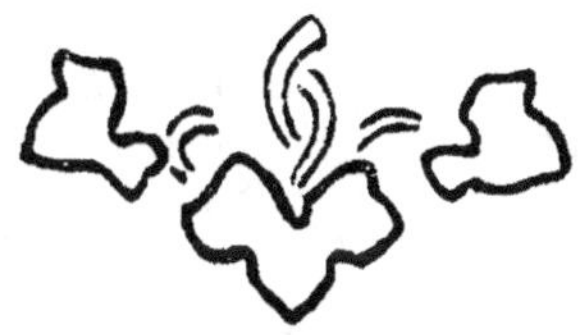

# LE FOOTBALL
## Association

Le *football Association* ne date que de soixante ans environ. Il paraît être né d'une discussion entre Anglais, qui
pratiquaient jusqu'alors le rugby.

Le rugby est un jeu difficile ; ses règles sont compliquées
et impérieuses ; les dimensions du terrain, la nature du sol,
son aménagement, les dépenses de location, d'entretien,
d'organisation, ne sont pas à la portée de toutes les bourses,
même dans la sportive Angleterre. Les six dixièmes du pays
jouaient le rugby ; les quatre autres dixièmes, pour les raisons ci-dessus, ne le jouaient pas. Et ils voulaient un jeu
qui n'entraînât ni leur ruine, ni des infirmités précoces ; car
le rugby, rude et violent, entraînant beaucoup de chutes, ne
peut se jouer que sur une pelouse, et, en le pratiquant dans
une cour pavée, sur une route, une place publique ou le premier champ venu, on s'expose à toutes sortes d'accidents. Or,
l'école d'Eton, entre autres, ne possédait que des cours dallées.

De tout cela sortit le congrès de 1857, provoqué par
l'*Association pour la Réforme du Football*, qui entendait, en
particulier, supprimer l'usage des mains. D'où le nouveau
jeu conserva le nom d' « Association ». Il fallut unifier les
règles ; elles étaient diverses ; chaque collège avait les siennes
qu'il apportait ensuite à l'Université. Entre temps se fon-
daient les premiers clubs : Sheffield, en 1851 ; Hallam,
en 1857 ; puis Blackheath, Richmond, Crystal-Palace, Civil
Service. En 1863, les dirigeants de ces clubs unifièrent
les règlements et la Football Association fut fondée. Les
tenants du jeu de rugby Blackheath et Richmond se séparent

bientôt de la F A, pour jeter les bases de la Rugby Union, quelques années plus tard. Ce départ délivra la F A des exigences des fervents du ballon ovale. Libre, elle interdit absolument l'usage des mains, sauf pour le gardien de but.

Jusqu'en 1871, les progrès de l'Association furent plutôt lents. C'est alors que fut fondée la Coupe d'Angleterre. De ce moment date l'extraordinaire développement du jeu. Actuellement, on peut affirmer que les équipes d'Association sont cent fois plus nombreuses que celles de rugby.

## LE TERRAIN ET LES ACCESSOIRES

Les dimensions officielles du terrain d'Association, en Angleterre, sont celles qu'indique le plan ci-contre (*fig.* 1). Mais, en France, la difficulté, paraît-il, de trouver d'aussi grands espaces a fait adopter une surface moins étendue, et nos terrains ont généralement 100 mètres de longueur sur 60 mètres de largeur.

Il est certain que la beauté du jeu en souffre, que les joueurs y ont moins d'aisance que sur le terrain de dimensions maxima, à faire réussir leurs combinaisons. C'est un inconvénient que les progrès de nos joueurs d'Association feront sans doute disparaître dans un avenir plus ou moins proche. Mais, à l'heure actuelle, où ils arrivent à peine à la cheville des footballers anglais, en tant que science du jeu et attraction, par conséquent, sur les foules, il n'est pas indispensable de mettre à leur disposition les terrains des matches des ligues anglaises ou de la Coupe d'Angleterre.

Qu'il ait 6 000 ou 8 000 mètres, le terrain, généralement gazonné, ne doit offrir ni trous, ni bosses, qui détruisent la précision d'une passe ou d'une combinaison : s'il est sableux, le sable, bien roulé, a cet avantage que la pluie n'y séjourne pas et que la gelée ne le durcit que fort peu.

*Coins.* — Les coins ABDC, qui jouent dans les phases d'un match d'Association un rôle important, sont exactement indiqués chacun par un drapeau, à hampe de 1ᵐ,50, qui est inamovible. Même pour un *coup de coin*, il ne doit pas être déplacé.

*Cercle de 10 mètres.* — Au milieu de la longueur du terrain, une ligne, dénommée ligne de *milieu*, est tracée à distance égale des deux buts, et, au centre, une circonférence dite *cercle des 10 mètres* — 10 mètres de rayon autour du point de centre — est inscrite.

*But.* — Le but (A) est formé de deux poteaux, espacés de 7ᵐ,30 et reliés par une barre transversale, fixée à 2ᵐ,40 au-

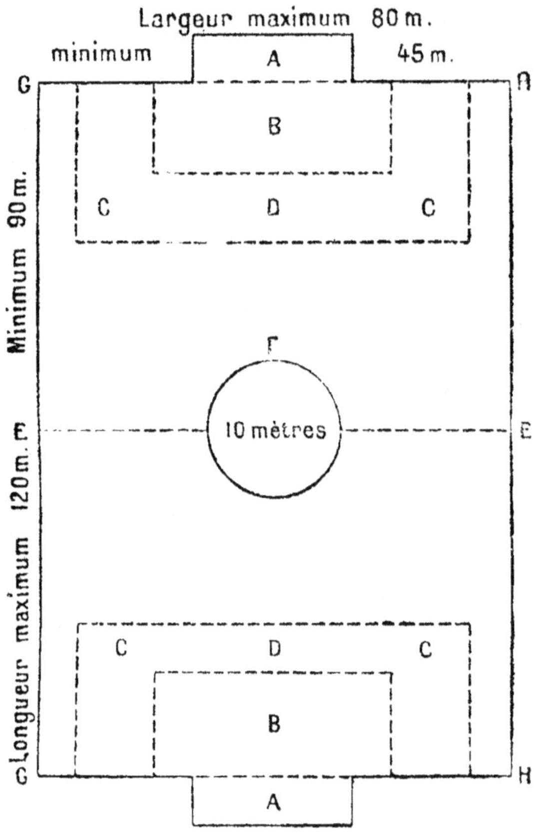


FIG. 1. — TERRAIN DE FOOTBALL ASSOCIATION.

A. But. — B. Surface de but. — C, C. Surface de séparation. — E. E. Ligne de milieu. — F. Centre du terrain. — G, H. Ligne de but. — G. G. H. H. Lignes de touche.

dessus du sol. Les poteaux sont garnis d'un large filet, fond et côtés, destiné à retenir le ballon et à éviter toute contestation ; car si le ballon n'est pas nettement arrêté par le filet, le *goal*, le but, n'est pas acquis.

*Surface de but.* — Le petit rectangle C C inscrit devant le but et dont les lignes de côté ont 6 mètres de longueur et sont tirées à 6 mètres également de chaque montant du but, puis reliées elles-mêmes l'une à l'autre par une ligne de but, forme la *surface de but*.

D'autres lignes sont tirées, à angle droit, à 18 mètres des

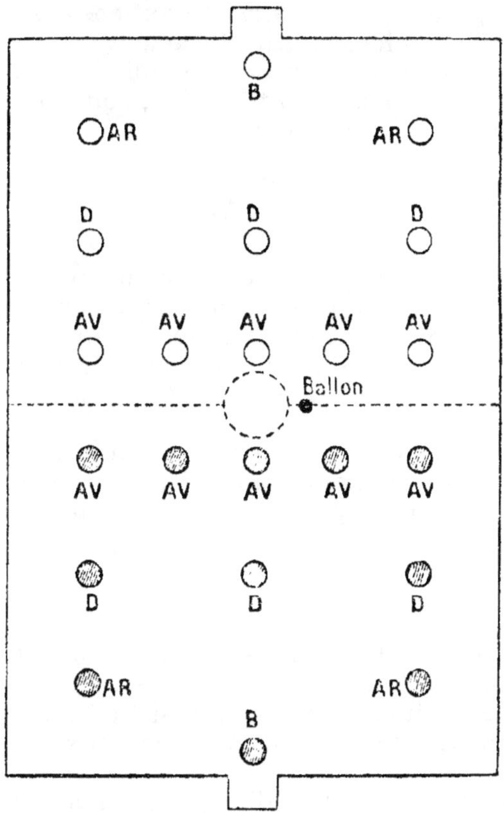



Fig. 2. — Position des joueurs en Association.
B. Gardien du but. — AR. Arrières. — D. Demis. — AV. Avants.

montants et ont 18 mètres de longueur, également reliées par une ligne parallèle à la ligne de but. Cette surface se nomme *surface de réparation*.

Enfin, la croix, indiquée au milieu de la surface de réparation, est une marque qui doit être apparente sur le sol et se dit : *point de réparation*.

*Le ballon.* — Le ballon pèse 375 à 425 grammes et a une

circonférence de 68 centimètres au moins, 70 centimètres au plus. C'est une vessie de caoutchouc, recouverte d'une enveloppe en cuir.

Après la partie, il est prudent de le recouvrir d'une légère couche de graisse ; sans cette précaution, il se fendillerait et deviendrait rapidement inutilisable.

La pompe, employée pour le regonflage, et un très ordinaire passe-lacet, pour maintenir close l'ouverture du ballon, complètent l'outillage nécessaire.

## LA PARTIE

Une partie de football Association exige vingt-deux joueurs, divisés en deux camps et, dans chacun, cinq avants, trois demis, deux arrières et un gardien de but, celui-ci désigné, dans la langue courante et par économie de salive, sous l'abréviation de *goal* (de *goalkeeper*, gardien de but [*fig. 2*]).

Le match dure 90 minutes, 45 minutes pour chaque camp, c'est-à-dire que, au bout de 45 minutes, les équipes changent de côté, après une suspension de jeu de 5 à 10 minutes.

## LE JEU

On sait que le football Association proscrit l'usage des mains. Le seul gardien de but conserve, dans des circonstances déterminées, cette faculté si naturelle à l'homme ; mais encore ne peut-il faire plus de deux pas, en portant le ballon.

Les réformistes du football anglais tenaient tout particulièrement à cette interdiction bizarre, qui ne pouvait guère s'expliquer que par le désir de se singulariser. Bien mieux, aux mains, désormais inutiles, ils substituèrent la tête, et l'on voit, dans un match d'Association, les joueurs se servant de tout ce dont ils peuvent faire usage, des pieds, des genoux, du ventre, de la poitrine, des épaules, du dos, de la tête, de tout, les seules mains exceptées. De là à donner au F A le surnom de jeu de manchots, il n'y avait qu'un pas à franchir ; on ne s'en est pas fait faute.

Ceci dit, nous n'avons nulle difficulté à reconnaître que le football Association, moins complet, moins attachant que son frère aîné, le football Rugby, moins compliqué, sinon plus facile à bien jouer, remplit, lui aussi, le but que se sont proposé les promoteurs de la renaissance athlétique : le développement de l'esprit d'à-propos, le sang-froid, l'adresse, l'idée de discipline et de solidarité et le courage. Que peut-on lui demander de plus ? Cela vaut bien une messe, eût dit Henri IV.

**Les qualités des joueurs.** — Les principales qualités requises pour un joueur sont l'énergie, l'adresse, le sang-froid et le jugement.

L'*énergie* doit se placer au premier rang. Tout joueur, le coup d'envoi donné, se dit que, pendant 90 minutes, il n'aura pas une minute de repos ; que pendant une heure et demie, il courra sans répit, évoluera en tous sens, d'un bout à l'autre du terrain, non au pas de gymnastique, mais à toute vitesse, sans avoir droit à quelque repos que pendant les cinq minutes de la mi-temps. Si la perspective ne l'effraie pas d'un effort colossal, toutefois les allées et venues inutiles, parce que le ballon, vers lequel il se précipitait, a changé de direction, les élans brisés par un heurt ou par une chute, les arrêts ordonnés par le sifflet de l'arbitre, aussitôt suivis d'un nouveau départ, le fatiguent, l'épuisent, souvent le découragent. Il lui faut donc une dose d'énergie, qui résiste victorieusement à toute une série de mécomptes qu'effacent trop rarement la combinaison qui réussit ou le *shoot* glorieux.

L'*adresse* est de toute nécessité, quelque poste que l'on occupe. Adresse, non acrobatie et effets de reins, assez fréquents chez certains joueurs, qui s'apercevront vite que l'intérêt du jeu est supérieur aux bravos de l'assistance. Les Anglais, dont le jeu n'est pas sans quelque mérite, leur donnent à ce sujet d'excellentes leçons.

Le *sang-froid*, c'est la présence continuelle du raisonnement, le pouvoir de ne se point affoler, devant une phase imprévue du jeu, et c'est ce qu'il faut recommander à tous les joueurs sans exception. D'aucuns prétendent que les demis, par exemple, n'étant qu'intermédiaires, ne jugeant, en quelque sorte, et n'exécutant qu'en premier ressort, échappent à la loi commune. Erreur. Aussi grande est leur responsabilité que celle de leurs camarades ; le sang-froid se juge tout autant sur un seul coup que sur l'ensemble de la partie. Un coup de pied fâcheux peut être involontaire, c'est entendu, même s'il ne provient pas d'un cas de force majeure, comme une glissade ou la rencontre d'une souche, d'un trou, etc. En ce cas, le sang-froid n'est pas en question. Mais si ce mauvais coup de pied résulte d'un visible affolement, d'une agitation que ne devrait provoquer aucune conjoncture, ne compromet-il pas la partie, ou tout au moins la combinaison ébauchée, tout autant que la faute d'un gardien de but qui, faute de savoir choisir l'endroit opportun, voit le ballon passer à 10 centimètres de sa main et s'engouffrer dans le filet.

Enfin le *jugement*. Voilà une qualité qui semble faire défaut, je ne dirai pas à la majorité des joueurs, mais à une très forte minorité d'entre eux. Sans doute, le jugement ne va-t-il pas sans le sang-froid. Cependant, il est telle circonstance où le sang-froid n'a guère à intervenir, où l'on n'est ni pressé, ni bousculé d'aucun côté, où il ne s'agit d'aucun acte plus rapidement exécuté que celui d'un adversaire. Le coup d'envoi, par exemple, au début de la partie, pourquoi tel joueur le donnera-t-il trop haut, trop loin? Manque de jugement que, à cette heure, l'ardeur du jeu ne peut expliquer, ni excuser. La tête, en ce cas particulier, peut travailler avant les jambes, comme en bien d'autres cas, comme nous le verrons au fur et à mesure de cette étude.

Il est bien entendu que ces qualités et bien d'autres deviendraient presque illusoires, si l'on ne s'était, par avance, imprégné de la lettre et de l'esprit de la loi, c'est-à-dire des règles. De quelle utilité pratique seraient le jugement ou l'énergie, si l'on s'avisait, par exemple, de jouer le ballon avec le poing ou si l'on ne connaissait pas le hors-jeu? Non, il faut d'abord savoir à fond le règlement, se libérer de toute hésitation, de tout doute sur les limites exactes de son droit, ne serait-ce que pour profiter du doute même ou de l'hésitation de l'adversaire. C'est, d'ailleurs, de bonne guerre et cela constitue un sérieux avantage.

Et il est encore bien entendu que tout cela, science de la règle, puissance morale et physique, perd toute efficacité, si les équipiers, soldats pendant une heure et demie d'un capitaine qu'ils ont accepté pour chef, ne sont imbus, imbus jusqu'à la moelle, d'un esprit de discipline à toute épreuve. Il faut jouer, non pour soi, mais pour l'équipe, consentir à n'être que la onzième partie de l'être collectif qu'est l'équipe.

Le joueur qui n'est pas profondément, absolument, pénétré de ce principe, celui qui par devers soi conserve la moindre parcelle d'individualisme, ce joueur-là, fût-ce le plus adroit, le mieux averti qui soit au monde, doit être écarté d'une équipe, car jamais il ne contribuera à l'homogénéité, sans laquelle on ne trouve que déception.

**Les avants**. — La première nécessité pour un *avant*, c'est l'agilité; la seconde est la qualité de son coup de pied; l'une et l'autre sont sur le même plan et valent l'une par l'autre.

Un champion de 100 mètres *pourra* et *devra* faire un bon avant dans une partie d'Association. Je dis « pourra », car le seul fait de gagner des courses de vitesse ne préjuge pas les autres qualités nécessaires à un bon avant; et j'ajoute « devra », parce qu'il aura un des deux atouts indispensables et que l'entraînement ne manquera pas de lui assurer le second, le coup de pied. Et que, en tout cas, le joueur lourd, eût-il le coup de pied de la précision et de la force les plus merveilleuses, ne fera jamais un bon avant.

*La jambe gauche.* — De même que les dix autres joueurs — c'est là une des difficultés du jeu — un avant doit posséder dans les deux jambes le même entraînement et la même liberté de mouvement; car les hommes de gauche n'agissent guère que de la jambe gauche, qu'il se présente un *shoot* ou une passe au centre. Quant à ceux de droite, ils peuvent, à un moment donné, se trouver obligés à jouer à gauche. L'avant-centre, en particulier, comme l'homme qui est derrière lui, le demi-centre, emploie indifféremment les deux jambes.

Pour l'avant-centre, en outre, il est requis de savoir user de la tête, et même avec précision; car, après un coup de coin ou un coup franc, le moyen est tout indiqué, pour tenter le but, tandis que les autres joueurs n'emploient que pour dépasser un adversaire, ou pour faire une passe, le jeu de tête, qui demande une longue pratique et un entraînement soutenu.

D'ailleurs, rien n'oblige à jouer centre-avant quiconque n'a qu'une jambe à la disposition du shoot; il peut jouer intérieur ou aile, du côté de son meilleur pied. Le poste a moins d'importance que le centre, et le shoot n'a pas besoin de la même perfection, sans que le joueur soit pour cela un moins bon équipier.

*Le shoot.* — *Shoot* est un mot anglais qui veut dire *coup*,

*jet*, en tant que substantif et comme verbe : *tirer* (1).
Shooter — que l'on excuse ce barbarisme, passé dans la langue de l'Association et qui ne rencontre, en français, aucun équivalent aussi concis — c'est projeter le ballon vers le but de l'adversaire, et telle est la fin du jeu des avants, à laquelle tendent tous leurs efforts. Qu'ils remontent le terrain à toute vitesse, qu'ils débordent ou acculent le camp opposé, si toute cette agitation ne se termine pas par un shoot, ce sera autant de peine, de travail et d'énergie qui s'envoleront à la brise qui passe.

Il y a, au cours d'un match, bien des occasions de shoot, mais une seule manière d'aborder le ballon : incliner, plus ou moins, le pied, élever légèrement le talon au-dessus du sol et frapper avec la partie du pied comprise entre la cheville et le gros orteil ; mais ne se servir jamais de la pointe, ce qui fait dévier la balle et enlève toute précision au coup, de même que le seul coup de cheville ne lui donne ni puissance ni portée.

*Le dribbling.* — Dribbler — autre barbarisme — c'est courir en poussant le ballon du pied, mais en le maintenant *entre ses deux pieds* et sans jamais en perdre le contrôle immédiat, à un mètre près ; c'est-à-dire que le ballon doit être touché, à chaque pas, par le pied qui fait le pas et par les extrémités digitales, à coups réguliers, en évitant les sursauts que ne manquerait pas de lui imprimer un coup de pointe trop direct (*fig.* 3).

Le dribbling s'emploie dans différentes circonstances, entre autres pour se donner de l'air, en cas d'agglomération des joueurs adverses.

*L'avant-centre.* — L'avant-centre est presque le pivot de sa ligne. C'est à lui, comme le mieux placé, en face du but, qu'aboutissent la tactique et les efforts de tous ; c'est lui qui est chargé de shooter le ballon. Si un obstacle l'en empêche, il repasse aux ailes qui manœuvrent, gagnent du terrain, feignent, trompent l'adversaire, et, dès qu'un jour se produit, *centrent* pour le shoot final. Un seul avant est au centre ; ceux qui le flanquent suivent le jeu et le ballon, s'en rapprochent ou s'en écartent, n'ayant jamais en vue que le service au centre.

*Les avants-aile.* — Ce sont les joueurs qui sont placés à l'extrémité de la ligne et ne quittent pas leur place ou fort

---

(1) On dit également *shot*, dont la signification est analogue.

rarement. Ils peuvent shooter. Leur shoot est très souvent dangereux, car, de leur place, le ballon arrive dans le coin de filet et surprend le gardien de but.

Les joueurs d'aile font les sorties et les *corners* sur leur côté respectif; ils marquent les avants extrêmes; ils facilitent la besogne du demi-centre, en suivant, sans trop insister, le jeu du côté où se porte le ballon. Ils barrent la route à l'extrême-avant que tente une fuite le long de la touche et l'obligent à jouer là où il aura été marqué.

*L'ailier* doit encore avoir aisé le maniement du ballon, le prendre sans peine dans les pieds de l'adversaire et le jouer en pleine vitesse. Il ne sera, comme l'on dit, joueur de classe, c'est-à-dire excellent, que lorsqu'il sera capable de bien réussir ces deux coups.

Pour vous approprier le ballon que retient entre ses pieds, par exemple, un adversaire attentif à ne le laisser point s'égarer, pliez légèrement la jambe, la pointe vers le sol, le talon surélevé. Pour l'arrêter et le garder, lorsqu'il vous arrive comme un boulet de canon, c'est le côté intérieur du pied que vous lui opposerez; docile, il reste, sans rebond, là où il vous touche.

*Un défaut.* — Les ailiers, ou beaucoup d'entre eux, lorsqu'ils dribblent le long de la ligne de touche, vont généralement trop loin et s'arrêtent beaucoup trop près de la ligne de but, ce qui donne aux arrières adverses tout le temps nécessaire pour annihiler leur échappée; ils ne peuvent centrer avec sécurité le ballon, qui, presque toujours, entre en touche. D'où course inutile, peine perdue et avantage pour l'adversaire, qui se dégage par un coup de pied franc. Au contraire, si l'ailier, une dizaine de mètres avant la ligne de but, passait à son voisin, s'il n'est pas marqué, ou, mieux encore, à l'aile opposée, qui a les plus grandes chances d'avoir le terrain libre devant elle, non seulement la manœuvre initiale conserverait son utilité, mais se couronnerait d'un but très probablement acquis.

*Un conseil.* — Lorsque le ballon, passé en touche, est remis en jeu, que doit faire l'ailier? Il se portera rapidement près du demi qui remet le ballon en jeu; sans doute ne sera-t-il pas encore marqué, auquel cas il pourrait avancer, puis centrer. Le but adverse sera certainement en danger.

Il est impossible d'indiquer tous les cas et d'en donner toutes les solutions. Et, d'ailleurs, les joueurs apprennent

bien plus et bien mieux sur le terrain et par la pratique
que par la lecture d'un livre.

*La tête.* — La tête a son rôle dans le jeu d'Association.
Elle remplace les mains, obstinément reléguées au rang de
première inutilité. Elle les remplace mal, d'ailleurs, et ce
n'est pas une des moindres bizarreries de l'esprit humain
d'avoir supprimé l'usage des bras et des mains, pour leur
substituer celui de la tête (*fig.* 4).

Quoi qu'il en soit, la tête s'entraîne comme les autres
membres, si bien même que nous avons vu des têtes réussir
fort adroitement des buts que les pieds eussent certainement manqués. D'un coup de coin, le ballon vint frapper
la tête d'un joueur, de qui la riposte fut, malgré le gardien
de but surpris, l'engouffrement du ballon dans le filet.

Pour entraîner la tête, on lance à deux mains le ballon à
un joueur qui, de son chef, le renvoie vers un point fixé
d'avance.

Les progrès de cet entraînement sont assez lents, car la
nécessité de baisser la tête, pour recevoir le ballon, laisse
forcément au hasard une grande part dans l'endroit exact
où il doit frapper.

*La tactique.* — Comme leur nom l'indique, les avants ont
pour mission essentielle de pousser le ballon en avant, le
plus près possible du but des adversaires, et de marquer
les points.

Le principal écueil où tombe souvent la ligne d'avants
est le *hors-jeu,* sur lequel je reviendrai.

Les avants doivent jouer franchement tous les cinq. Certains s'embusquent à l'endroit qu'ils croient propice et
attendent, là, l'occasion d'un bon coup. Manière quelque
peu déloyale, qui séduit parfois la fortune, mais laisse le
plus souvent à l'embusqué pour tout potage le ridicule
d'une tentative déçue.

La tactique consiste surtout à suivre le jeu des demis,
sans autrement se préoccuper de conduire soi-même le ballon. La besogne est facilitée par les demis et ils n'ont qu'à
suivre celui d'entre eux qui a le ballon. Il leur est même
recommandé de ne s'écarter de leur place que le plus rarement possible et de ne se rapprocher de leurs coéquipiers
que dans le cas d'une nécessité reconnue, à cette fin d'éviter
des confusions qui sont pour le demi adverse autant de raisons d'intervention souvent efficace.

*Le jeu d'ensemble.* — Les avants ont pour devoir absolu

d'abdiquer toute personnalité. Ils ne sont plus **X**... **Y**... **Z**... **S**... **T**... Ils sont, chacun, un des membres essentiels d'un corps, dont les autres membres seraient comme frappés d'ankylose ou de paralysie, si l'un manquait à sa fonction. En d'autres termes, ils doivent chasser, comme on chasse une pensée importune ou funeste, l'idée des coups d'éclat. Ils jouent l'un pour l'autre, comme tous jouent pour l'équipe. Si le défaut d'abnégation peut, parfois, dans quelque autre ligne, trouver dans une brillante qualité une compensation heureuse, ce n'est jamais pour eux le cas ; rien ne peut racheter ni compenser l'oubli de ce devoir.

Qu'ils soient bien persuadés, comme l'expérience depuis longtemps l'a prouvé, que le travail de cinq hommes qui s'entendent, se sentent les coudes, *passent* franchement, est fertile en ressources et en succès, tandis que cinq hommes d'une adresse merveilleuse, surhumaine, mais fantaisistes et disposant du ballon au gré de l'idée qui vole, voire déjouant, à force d'habileté individuelle, toutes les attaques, sont et seront toujours la plaie vive d'une équipe.

Est-ce que la tâche d'un adversaire n'est pas plus ardue, lorsqu'il trouve devant lui des hommes qui ne gardent le ballon que le temps de le passer, à la première menace, au voisin, par un coup de pied bien précis n'interrompant pas la course, qui soufflent le ballon sous son pied subitement hésitant et l'obligent à s'arrêter, à se retourner, à repartir *(fig. 5)*. Donc, comme au rugby : Un pour tous, tous pour un.

**Les demis.** — Les demis doivent soutenir l'attaque et aider la défense, c'est-à-dire qu'ils ont tout à faire. Poste difficile et ingrat, s'il en est, et qui exige des qualités hors pair. C'est pour les demis que les qualités d'énergie, de sang-froid et de jugement, de même qu'une endurance inlassable, sont le plus nécessaires.

Entre la défense arrières et gardien de but, et l'attaque (avants), les demis, tantôt attaquant, tantôt défendant, se plient à toutes les circonstances, rétablissent l'offensive, après avoir aidé au dégagement du but menacé. Ils sont, en quelque sorte, la cheville ouvrière de l'équipe.

Jadis, et jusqu'à ce que les idées de tactique eussent remplacé le jeu « à la va comme je te pousse », les places d'avant, places d'honneur et de gloire, places où l'on avait le plus de chance de marquer des buts, étaient âprement briguées et réservées aux étoiles de l'époque. Les débutants, ceux qui n'avaient jamais frappé du pied un ballon rond, on les bombardait demis et ils s'en tiraient comme ils pouvaient. Les pauvres !

Il n'en est plus de même. Le demi-centre est le personnage le plus important de l'équipe. Il doit voir le jeu dans son ensemble, juger la situation d'un coup d'œil et, au mieux des intérêts de son camp, savoir tirer parti des circonstances, surtout des fautes de l'adversaire. Il passe le ballon à l'homme démarqué et marque d'instinct, par une sorte de divination, l'adversaire à qui viendra le ballon. D'ailleurs, ce flair et cet instinct lui seront chose naturelle, s'il a pour lui l'expérience et une bonne conception du jeu.

*La tactique.* — Le ballon est à peine en jeu que les demis se rapprochent des avants. A partir de cet instant, ils surveillent à la fois leurs adversaires et leurs propres coéquipiers, ce que, pendant toute la partie, ils ne cesseront de faire. C'est, en effet, leur rôle. Soutenir l'attaque sans la gêner ni, à plus forte raison, la contrarier par des fantaisies personnelles, et prodiguer, discrètement en quelque sorte, leur aide à la défense ; déplacer le jeu pour le porter sur le point faible de l'adversaire, lui imposer leur volonté, utiliser le vent, la pluie, le soleil, au lieu de perdre à les maudire son temps et ses paroles, et approprier le jeu aux circonstances, telle est la tactique de la ligne de demis.

Plus rapide et plus courageux que tous, le demi va, vient, court, intercepte ici, intercepte là, passe sec et bas, puis surgissant l'on ne sait d'où, comme un diable de sa boîte, dégage d'un long coup de pied les siens en danger. Il est partout, presque à la fois. C'est lui qui tient dans ses mains, ou plutôt dans sa tête, puisque les mains n'ont que le droit à la couture de la culotte, tous les fils de la victoire.

*Conseils.* — Dans l'attaque, évitez les dribblings trop longs, mais esquissez des feintes ; poussez le ballon dans la direction opposée à celui à qui vous le destinez ; passez bas et d'un coup sec, comme les Anglais excellent à le faire, qui semblent *shooter*, et néanmoins envoient avec une précision et une douceur extrêmes le ballon devant les pieds de leur coéquipier. Je dis *devant,* car il faut envoyer le ballon non où se trouve le partenaire, mais là où il *va* se trouver, c'est-à-dire un peu en avant.

N'arrêtez pas *de face* un dribbling ; placez-vous plutôt entre le dribbleur et son voisin, dans la direction du but ; courez, en vous en rapprochant, à côté de lui ; puis, un coup d'épaule, un talonnage sec. un demi-tour et, si vous n'avez pas été maladroit, vous avez le ballon.

Avant de faire la passe, que le ballon soit bien arrêté et maîtrisé, ou votre passe ne sera jamais précise.

Pas d'acrobaties. que le public — et encore ! — est seul à apprécier. Ne reculez jamais devant un adversaire. Dans une échappée, laissez ou passez le ballon au coéquipier le plus en arrière et marquez l'homme.

Pas de raideur dans le jeu de la jambe, qui doit toujours rester souple.

Dans les coups de coin, renforcez vos avants, sans cesser d'avoir à l'œil les demis adverses.

Jouez *tout contre* l'adversaire et pas trop près du ou des partenaires, sans brutalité, toujours avec finesse.

Un horion arrête-t-il quelques minutes votre jeu, demeurez quand même sur le terrain, vers les arrières adverses. Vous trouverez bien le moyen de les gêner.

Enfin, jamais de jeu personnel ; restez toujours celui que l'on ne remarque pas et qui travaille sans bruit et sans esbrouffe.

*Les arrières.* — Le rôle des arrières est, avant tout, de servir de gardes du corps au gardien de but. Si le jeu se déplace en avant, ils soutiennent les demis, mais pour se replier vers leur but. dès que le jeu change de face.

*Qualités physiques.* — Force musculaire, mobilité, vitesse et adresse, voilà ce que doit posséder un arrière complet.

La *force musculaire* aura son emploi pour soutenir le choc d'un ou de plusieurs avants lancés à toute vitesse ; la *mobilité* permettra d'éviter ce choc : la *vitesse* le mettra, en quelques enjambées, sur l'adversaire échappé ou sur le ballon, qui aura passé au-dessus de sa tête ; l'*adresse*. enfin, sera, en toutes occasions, la très utile et très nécessaire collaboratrice, qui atténuera la violence, secondera la mobilité, dirigera la vitesse et demeurera partout le frein de tout excès.

*Qualités morales.* — Sang-froid. décision et présence d'esprit. Il faut du *sang-froid* pour attendre de pied ferme et arrêter une descente d'avants. qui arrivent en passes rapides, pour ne courir point de droite et de gauche, sans savoir lequel choisir ; il faut non moins de *décision* pour, le ballon arrêté. mais environné d'amis, se rendre d'un coup d'œil compte de la situation exacte et adopter la tactique fine et sûre ; la *présence d'esprit* sera tout aussi indispensable à un arrière qui tiendra à sauver des situations que d'autres jugeront désespérées, une mêlée, par exemple, devant le but ; nous avons vu tel arrière dégager son camp, fort empêtré, par un ou plusieurs coups, aussi justes que rapides et déconcertants.

*Leur place.* — Les arrières se tiennent, de chaque côté du terrain, à une petite distance de la ligne de touche, formant ainsi la base idéale d'un triangle, dont le gardien de but serait la tête.

Telle est du moins leur place réglementaire, théorique. En fait, ils trouvent avantage, sans découvrir pour cela le but et son gardien, à former échelon, c'est-à-dire que l'un d'eux, le plus leste des deux, se place légèrement en avant du second. Cette disposition donne plus d'aisance à leur aide mutuelle.

Ils ne se déplacent, et toujours dans l'axe de leur ligne, que selon l'allure du jeu, avançant ou revenant à leur point de départ. En se rapprochant, ils risqueraient de se gêner et, en tout cas, de laisser sans défense une portion de territoire. Mais, avant tout, l'arrière est un joueur de sûreté ; il ne doit risquer aucune aventure et ne laisser jamais *en l'air* le gardien de but.

*Les arrêts.* — Les arrêts sont au nombre de deux : l'*homme* et la *balle.* Contre l'homme qui déboule généralement en quatrième vitesse, la force est utile, mais non indispensable, dans l'intérêt physique des adversaires, mais surtout dans l'intérêt du jeu. Combien plus attrayant est cet arrière qui, en équilibre sur une jambe, ravit, d'un coup subtil et fin, le ballon à la meute endiablée qui le pousse et s'épuise en grands gestes ! Non ! si la force peut lui être d'un appréciable secours, il évitera cependant le choc et ne recherchera que le ballon. Cela est d'autant plus vrai qu'en cherchant à montrer une redoutable largeur d'épaules, il risque, avec des adversaires un peu vifs et adroits, de laisser passer le ballon et d'empêtrer son gardien de but.

*Les coups de pied.* — Un puissant coup de pied fait partie des qualités requises chez un bon arrière, autant pour lui permettre d'utiles dégagements que pour donner les *coups de pied francs.* (Le coup de pied franc est une pénalité décrétée par l'arbitre à la suite d'une faute.)

Le coup de pied de *dégagement* s'explique par son nom même. On en distingue deux :

Le coup de pied de *volée* et le coup de pied *retourné.*

Le premier a une force considérable, car le ballon est ren-

voyé avant d'avoir touché le sol. C'est dire qu'il faut à la fois
la sûreté du coup de pied et une manière particulière de le
donner. La sûreté s'impose, car si le joueur manque le
ballon, celui-ci rebondit très haut et les avants adverses,
s'ils ont bien suivi, ont grandes chances d'arriver, avant
que l'arrière n'ait eu le temps et de se retourner et de
retrouver son ballon.

Si l'arrière ne le manque pas, le ballon doit frapper sur le
cou-de-pied et non sur les doigts, qui risqueraient de plier
sous le choc. Et, en ce cas, l'arrière aura soin que le ballon,
ainsi renvoyé, décrive une parabole *un peu plus élevée* que
la tête des joueurs adverses et ne s'élève pas en chandelle, à
une hauteur qui provoquera peut-être l'admiration des as-
sistants, mais qui le ramènera à son point de départ ou le
fera tomber en touche, ce qui dégagerait insuffisamment
son camp menacé.

Le coup de pied *retourné*, c'est un coup de pied donné en
arrière dans la direction du camp opposé. Le ballon passe
par-dessus la tête de l'arrière, qui alors se retourne et se
lance à sa poursuite. S'il est pressé par l'adversaire, il
donne, pour éviter une perte de temps dangereuse, le coup
de pied en arrière et, pour ce, il emploie la pointe du pied.
Ce coup demande une certaine pratique.

*Le gardien de but*. — En Angleterre, on répète volontiers que « l'on naît gardien de but, mais qu'on ne le
devient pas ». C'est la leçon d'une longue expérience. Des
joueurs, avants, demis, arrières, exceptionnellement bril-
lants et doués, chacun dans son poste, des plus rares qualités, peuvent changer de place dans une ligne, voire
changer de ligne, sans que leur jeu en souffre. Tâtent-ils la
garde du but? Ils ne valent plus rien et sont notoirement
insuffisants.

*Qualités morales*. — C'est que le jeu du gardien de but a
un caractère unique. Il exige, à leur plus haut point de développement, les mêmes qualités qui rendent bons joueurs,
en ligne, les autres équipiers : sang-froid, décision, coup
d'œil; dans un ensemble de cinq avants, ou de trois demis,
ou même de deux arrières, l'un d'entre eux, qui manque de
l'une de ces qualités, voit immédiatement réparée par un
autre la faute qui en résulte. Le gardien de but constitue à
lui seul sa ligne; il doit trouver en lui seul tout ce qui se
peut partager, ailleurs, entre plusieurs hommes; il forme
ce tout par lui-même.

De là, difficulté énorme de trouver un bon gardien de but; de là, l'extrême rareté du sujet.

*Qualités physiques.* — S'il est avantageux pour un gardien de but d'être de grande taille, d'atteindre, sans recourir à la pointe des pieds, la barre transversale du but fixée à 2ᵐ,40 du sol, d'avoir les bras longs et d'obstruer d'autant mieux l'espace ménagé entre les montants, ce n'est pas indispensable. Tel gardien de but, que nous avons tous connu, était d'un développement à peine moyen et tenait la place tout aussi bien, à ce point de vue spécial, que d'autres bien plus grands.

Par contre, le coup de pied doit s'affirmer puissant et long, qu'il s'agisse de rentrée ou de dégagement. Le coup de pied de *rentrée* se donne avec la pointe; il faut que le ballon aille jusqu'aux avants d'aile, moins marqués, en général, que ceux du centre; il ne doit pas dépasser une certaine hauteur, sous peine de favoriser la défense adverse, qui aurait le temps de préparer l'interception. Les dégagements de *volée* ou de *demi-volée* se font par le dessus du pied, le cou-de-pied et sont également dirigés vers les ailes.

La *demi-volée* est souvent préférable, en ce sens que le ballon va plus loin en s'élevant moins, mais elle exige plus d'entraînement et un terrain parfaitement uni.

*Les arrêts.* — Les phases sont nombreuses, dans un match, où peut intervenir le gardien de but, mais les *shoots* qu'il doit intercepter sont de nature différente, selon la hauteur d'arrivée du ballon, tantôt à hauteur ou au-dessus de la tête, à hauteur de la ceinture ou, enfin, à ras de terre.

A hauteur de la tête, si le ballon n'est ni humide, ni mouillé, ni lancé avec force, le gardien de but pourra le saisir, du premier coup, des deux mains; si, au contraire, la pluie ou le gazon détrempé l'ont rendu glissant et, surtout, s'il arrive en boulet de canon, il l'arrêtera d'une main, de manière à le faire retomber, perpendiculaire, sur l'autre main qui l'attend vers la ceinture.

Au-dessus de la tête, au même geste ajouter un saut, mesuré à la hauteur probable du passage du ballon.

A hauteur de la ceinture, c'est le corps que l'on oppose au ballon et, pour éviter qu'il ne rebondisse (quelquefois fort loin, surtout si, en ce moment, la poitrine est gonflée par une aspiration d'air), on arrondit les bras. Le ballon s'y loge comme dans un nid; c'est l'arrêt le plus sûr.

Au ras du sol, il faut bien se garder de renvoyer le ballon

avec le pied, même s'il arrive avec lenteur, mais l'arrêter toujours avec les mains et prendre, si l'on en a le temps, la précaution de placer un pied derrière les mains. Les adversaires peuvent être assez près du but pour que le gardien n'ait pas le loisir de se redresser; il pourra tant bien que mal, de cette façon, donner un coup de pied et éloigner le danger.

Cela concerne le cas où le ballon vient droit au gardien de but. S'il se dirige vers l'un des poteaux, celui-ci se jette franchement à plat ventre, en allongeant le bras le plus possible; il atteindra certainement le ballon, surtout s'il est de bonne taille.

*Sur un coup de coin.* — Un coup de coin bien dirigé est souvent dangereux; il importe que le gardien de but soit bien placé. Il devra se tenir un peu en avant du poteau opposé au coin d'où viendra le ballon, c'est-à-dire le poteau le plus éloigné.

En effet, s'il se place près de l'autre montant, le ballon peut passer au-dessus de lui; il sera obligé de se retourner ou de reculer précipitamment; devant l'autre poteau, il n'aura, si cela est utile, qu'à se porter en avant. De plus, la surveillance des adversaires sera plus aisée, car ceux-ci seront groupés devant lui et, s'il n'atteint pas le ballon d'un fort coup de poing, avant que celui-ci ne tombe, une tête bien placée et adroite aura vite fait de l'envoyer dans le filet.

Voilà le principe. Mais n'oublions pas qu'un but ne peut être directement marqué sur un coup de coin, à moins qu'il n'ait été touché par un second joueur. Il est donc souvent préférable de le laisser rentrer sans tenter un dégagement parfois trop difficile. Alors, le gardien de but doit chercher à ce que personne ne réussisse à toucher le ballon.

*Attaque en vitesse.* — Voici un avant qui a débordé la défense et file en vitesse vers le but. Que doit faire le gardien de but?

Il n'hésitera pas. Il sortira de son réduit, au-devant de l'envahisseur, et cherchera l'interception, car le laisser approcher, autant vaudrait découvrir simplement le but et livrer passage au ballon. Tandis que, en inquiétant le dribbleur, en le menaçant, il le force à ralentir sa course, peut-être même à *shooter* en pleine course, auquel cas le ballon passera presque certainement au-dessus du filet. En tout cas, le gardien de but donne, par cette manœuvre, à ses arrières le temps de rejoindre et de sauver la situation.

Si le gardien de but intercepte le *shoot* et qu'il voie l'adversaire fondre sur lui, qu'il ne donne pas en hâte son coup de pied ; ou bien celui-ci serait de mauvaise qualité, ou bien le ballon frapperait l'adversaire et rebondirait dans le filet. Qu'il attende, au contraire, de pied ferme, et quand il se verra près d'être atteint, un bond, à droite ou à gauche, le mettra à l'abri de toute atteinte et il pourra donner la bonne direction au ballon.

Le gardien de but ne doit pas perdre de vue que, porteur du ballon, il n'a droit qu'à *deux* pas. Si, par hasard, il en fait *trois,* c'est d'un coup franc qu'il fait pénaliser son équipe et, cela, à quelques mètres du but ! Pour se mieux garder encore des chances de troisième pas, il n'a, aussitôt après son écart, qu'à faire rebondir le ballon sur le sol avant de donner le coup de pied. Car, le ballon n'étant plus dans ses mains et à condition que lui, gardien de but, reste dans la *surface de but,* personne n'a plus le droit de charger, règle trop souvent dédaignée par quelque avant trop ardent ou mécontent d'arriver trop tard.

*L'entraînement.* — Certains gardiens de but s'entraînent, chez eux, au *punching ball* et s'y exercent chaque jour. Cela ne peut que développer la vivacité de leurs mouvements.

Un exercice plus utile, c'est, sur le terrain, de s'entrainer à parer les *shoots.* Quelques joueurs se placent autour du but, à 15 ou 20 mètres, et *shootent,* chacun à son tour. Les *shoots* venant de côtés différents, avec une force et à une hauteur variables, le gardien de but s'habituera à recevoir le ballon dans toutes les positions et à le dégager.

Enfin, le véritable art du gardien de but est — ou serait — de deviner la future direction du *shoot* qui le menace, de la deviner rien qu'au mouvement du pied qui va *shooter.* Evidemment : mais, pour acquérir cet art, il faut :

1° De nombreuses années de jeu et de pratique suivie ;

2° Et surtout que le *shooteur* sache lui-même quelle direction il va donner à son ballon.

Lorsque nous posséderons quelques-uns seulement de ces shooteurs-là, nous pourrons rechercher utilement le moyen de parer leurs *shoots.*

Le hors-jeu. — Être *hors-jeu,* c'est être, en raison d'une situation particulière et d'un article de la loi qui l'interdit, hors d'état de participer au jeu.

De toutes les règles édictées par le *Code de football*

*Association*, presque toutes d'assimilation facile et d'exécution aisée, seules sont ardues celles qui concernent le *hors-jeu;* non pas sous le rapport de la compréhension : elles sont très claires (ce qui n'est pas toujours le cas d'un article de loi), mais en tant qu'exécution et constatation sur le terrain.

Qui n'a pas entendu, sur nos terrains, ce cri : « Hors-jeu! » ou « Off side! » ce qui en est la traduction anglaise? Cependant, les joueurs se trouvaient en jeu. Et la protestation venait d'un homme ignorant la règle, ou la comprenant mal, ou simplement mal placé pour bien voir. Que de réclamations pleuvent, sur les tapis verts des salles de comité ou de commission, contre la décision d'un arbitre qui a accordé un but « manifestement » marqué après un hors-jeu! Et cet arbitre, impartial et consciencieux, et, de plus, presque toujours en mesure de se rendre compte de la position des joueurs, est obligé de venir se défendre, à grand renfort d'explications et de schémas!

Que dit donc cet article du code, qui prête le flanc à tant de diverses interprétations?

« Lorsqu'un joueur joue le ballon ou fait une rentrée en touche... »

Rien, là, de difficile, n'est-ce pas? Jouer le ballon, c'est lui donner le coup de pied nécessaire à la mise en jeu, et faire une rentrée en touche, c'est, le ballon ayant dépassé les limites du terrain, le remettre en action. Continuons.

« *Tout joueur* du même camp *qui,* au moment *où le ballon est touché ou jeté, se trouve* plus rapproché *de la ligne de but adverse* est hors-jeu... »

Donc, celui des équipiers qui, tandis qu'un de ses coéquipiers joue le ballon ou le remet en jeu, se trouvera entre ce coéquipier et la ligne de but adverse, est « hors-jeu », c'est-à-dire dans une position telle qu'il *ne peut ni toucher le ballon ni empêcher un autre joueur d'y toucher, à moins qu'il n'y ait, à ce moment, trois adversaires entre lui et la ligne de but.*

Donc, le joueur est immobilisé; il perd tous ses droits, si, entre le but et lui, il y a, au moment du coup de son camarade, moins de trois adversaires (figure 1 du tableau 1).

A passe à B. Mais, comme il n'y a pas trois, mais simplement deux adversaires, C et D, entre lui A et la ligne de but, B se trouve hors-jeu.

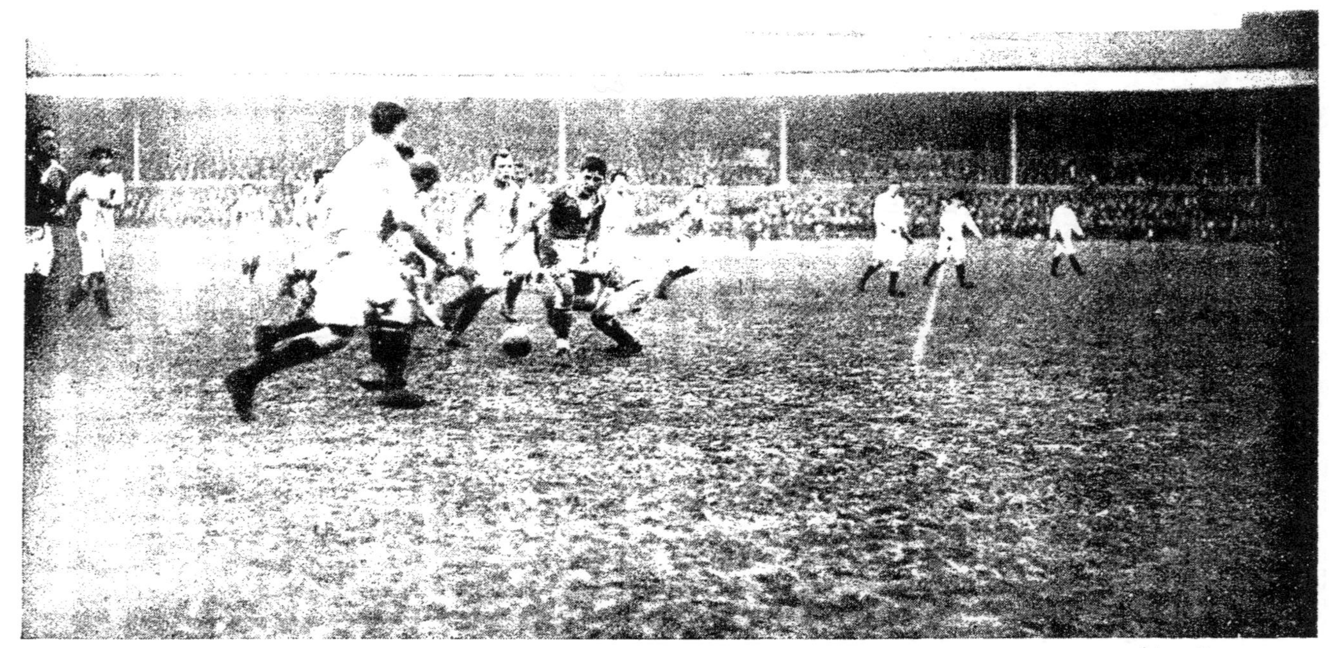

FIG. 3. — UN DRIBBLING.

Phot. Meurisse.

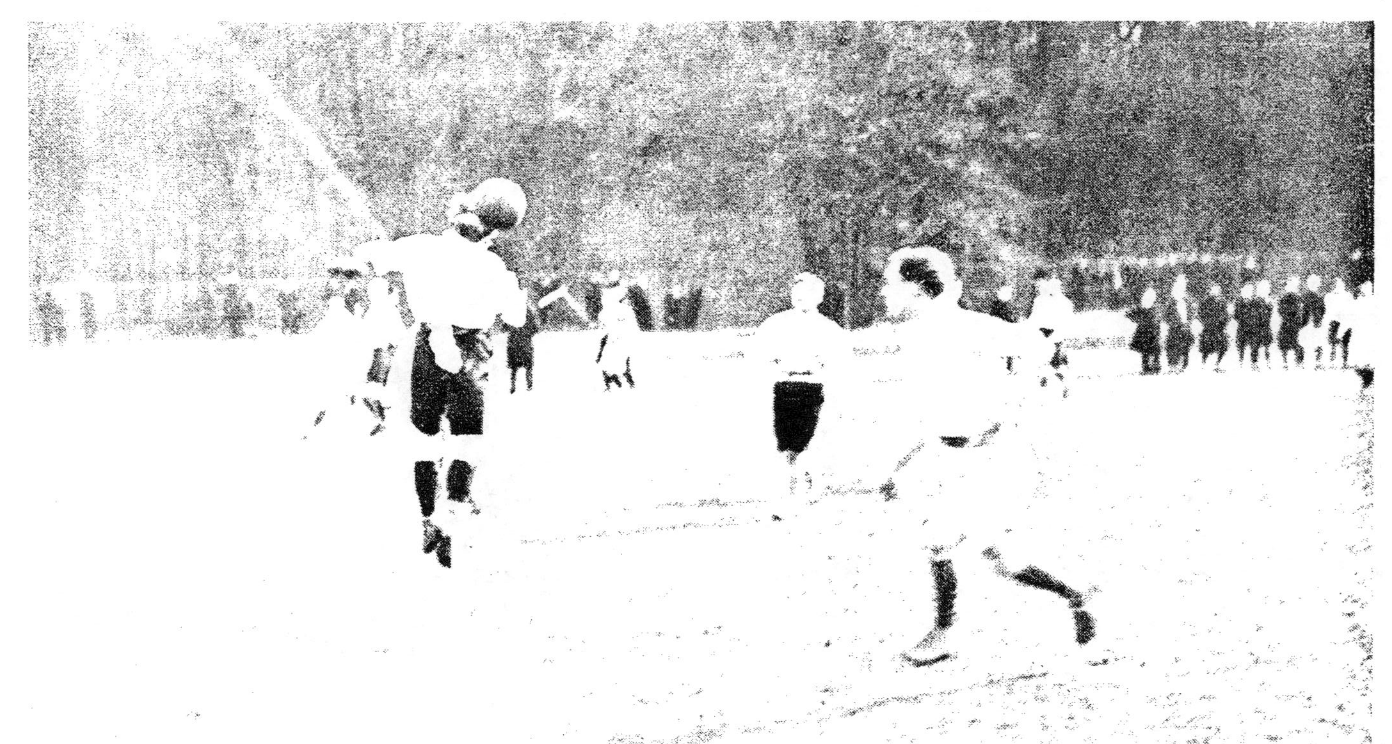

FIG. 4. — UN COUP DE TÊTE.

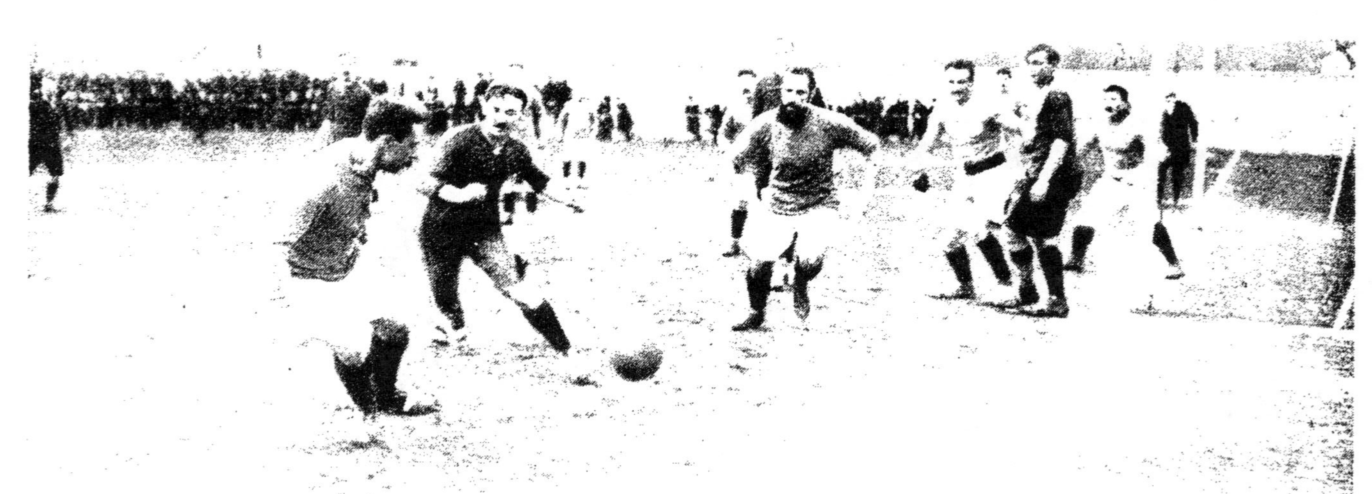

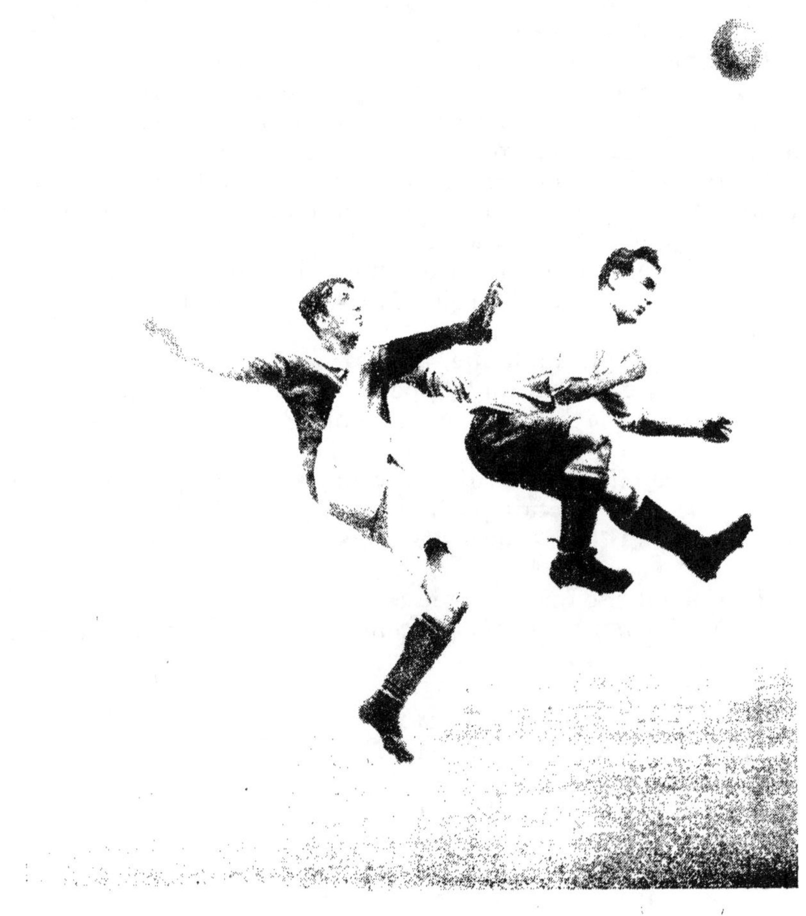

Il y a encore hors-jeu, bien que le joueur B change de position (*fig.* II) :

A passe à $B^1$ qui recule et vient en $B^2$ ; mais il reste hors-jeu, parce qu'il n'avait pas trois adversaires entre lui et la ligne de but, et que ce n'est pas au moment où il reçoit le ballon qu'il est hors-jeu, mais au départ de celui-ci.

Le règlement ajoute :

« *Un joueur n'est pas hors-jeu,* en cas de coup de pied de coin ou de coup de pied de but, ou quand le ballon a touché un adversaire en dernier lieu. »

Exemple (*fig.* III) :

A a shooté. C reçoit mal et dégage mal. C'est à B que vient le ballon, à B qui, ne pouvant tenter le but lui-même, passe à F, qui shoote et marque.

B était-il hors-jeu quand il a reçu le ballon de C ? Oui, quand A jouait, mais non, car le ballon, avant de lui venir, avait été joué par C, un adversaire.

Mais F, lui, recevant directement le ballon de B ? Il est hors-jeu, car il n'a pas trois adversaires entre lui et la ligne de but.

Autre exemple analogue (*fig.* IV) :

$A^1$ a shooté. Le ballon frappe la barre transversale du but et rentre sur le terrain. A se déplace en $A^2$ et passe à B (*fig.* IV).

L'arbitre siffle, avec raison, le hors-jeu. De qui ? De $A^2$ ou de B ? De B. $A^2$ n'était pas hors-jeu, puisqu'il ne l'était pas en $A^1$, mais B l'est, faute des trois adversaires exigés par le Code.

Le Code dit, dans le même article :

*... Ni toucher le ballon,* ni empêcher un autre joueur *d'y toucher...*

Exemple (*fig.* V) :

A shoote. B, qui se trouve près du gardien de but, remarque la trajectoire du ballon et, visiblement, se dispose à gêner C. Son mouvement l'a trahi. Il est hors-jeu, toujours faute des trois adversaires (*fig.* V).

Autre exemple (*fig.* I du 2ᵉ tableau) :

A shoote. B se place devant l'arrière E ; B est hors-jeu : il gêne le gardien de but ou l'arrière, du moment qu'il n'a pas trois adversaires entre lui et le but ; l'arbitre le lui rappelle.

Dans le cas suivant (*fig.* II) :

$A^1$ passe à B, puis il court en $A^2$ pour reprendre le ballon.

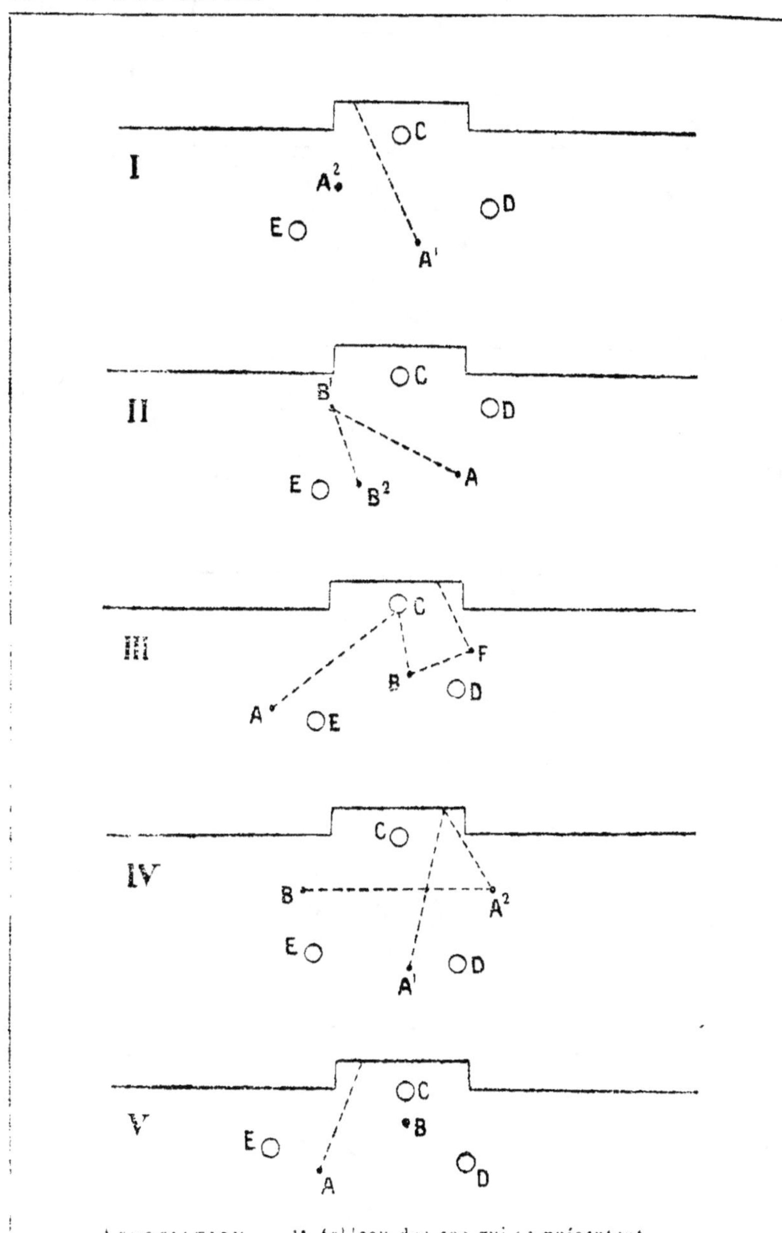

ASSOCIATION. — 1° tableau des cas qui se présentent
quand un joueur est « hors-jeu ».

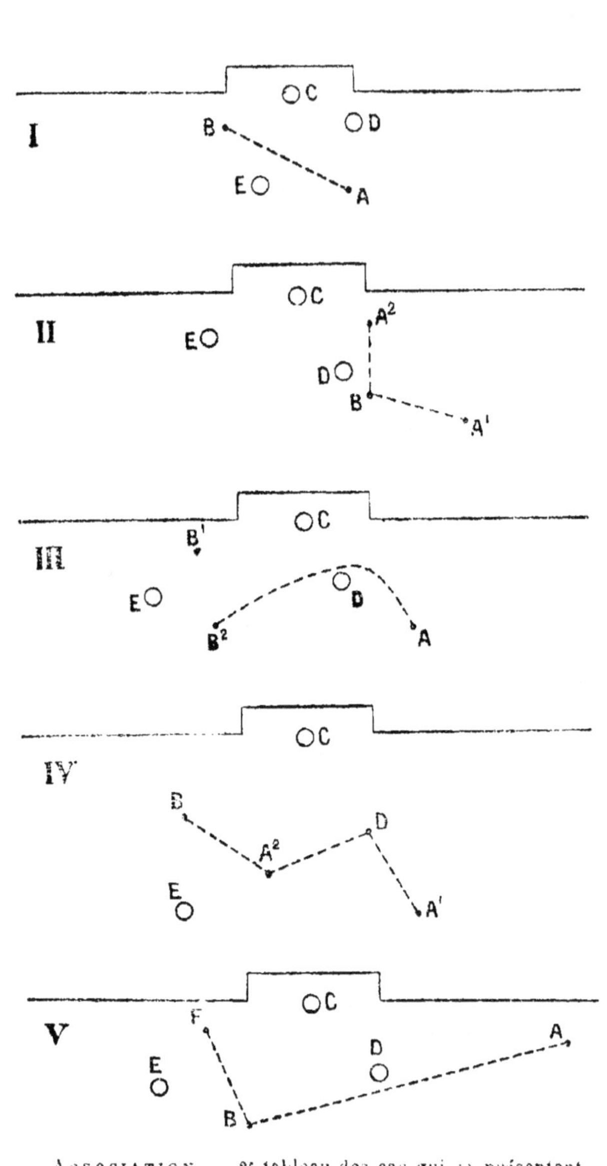



ASSOCIATION. — 2ᵉ tableau des cas qui se présentent quand un joueur est « hors-jeu ».

$A^2$, qui n'était pas hors-jeu en A, parce qu'il avait trois adversaires devant lui, l'est en $A^2$, parce que, le ballon ayant été joué par B, il ne les a plus dans sa nouvelle position.

Et, dans celui-ci (*fig.* III) :

A tente le but. Le vent ramène le ballon en arrière. B le suit et vient en $B^2$. Il a trois adversaires devant lui, et... Pas du tout. Ces trois adversaires, il ne les avait pas au moment où il jouait le ballon. Il est hors-jeu.

Dans une circonstance analogue, si le ballon, au lieu d'être ramené par le vent, touche le poteau gauche du but et retombe sur $B^2$, il sera pour le même motif hors-jeu. A seul pourrait venir reprendre le ballon.

L'exemple suivant se complique (*fig.* IV) :

$A^1$ joue. D détourne le coup. $A^1$, qui a suivi son coup, vient à $A^2$, rejoue et passe à B. Celui-ci est hors-jeu pour n'avoir pas les trois adversaires prescrits entre lui et la ligne de but, *au moment où joue de nouveau* $A^2$.

Si B était venu reprendre en $A^2$ le ballon que renvoyait D, il eût été indemne, parce que D, en jouant le ballon, l'avait remis, lui B, en jeu.

Après un coup de coin (*fig.* V) :

Du coin, A envoie le ballon à B, qui passe à F. Toujours par la même raison, F est hors-jeu : d'ailleurs, par une maladresse de A, qui aurait dû penser qu'il n'y a pas de hors-jeu sur un coup de coin, et envoyer directement à F, probablement bien placé pour shooter.

Autre cas (*fig.* I du 3e tableau) :

A joue. $B^2$ court en $B^2$ et manque le but. $B^2$ est-il hors-jeu ? Non. Lorsque A a joué, $B^2$ avait trois adversaires, D, E, C, entre lui et la ligne de but et, en outre, il était en arrière de A.

Et celui-ci (*fig.* II) :

B joue devant lui. A rejoint le ballon en $A^2$ et marque le but. Bien que le ballon ait été touché par un de ses coéquipiers, A n'est pas hors-jeu, parce qu'il avait, à son départ, trois adversaires devant lui, E, D et C.

Quand le joueur envoie le ballon à un coéquipier en arrière (*fig.* III) :

A, gêné par E, ne peut shooter. Il passe le ballon à B, qui réussit le but. B, qui n'a pas trois adversaires devant lui, est-il hors-jeu ?

Non, parce que B est en arrière de A, qui lui passe la balle.

Pas de hors-jeu sur un coup de pied de coin (*fig.* IV) :

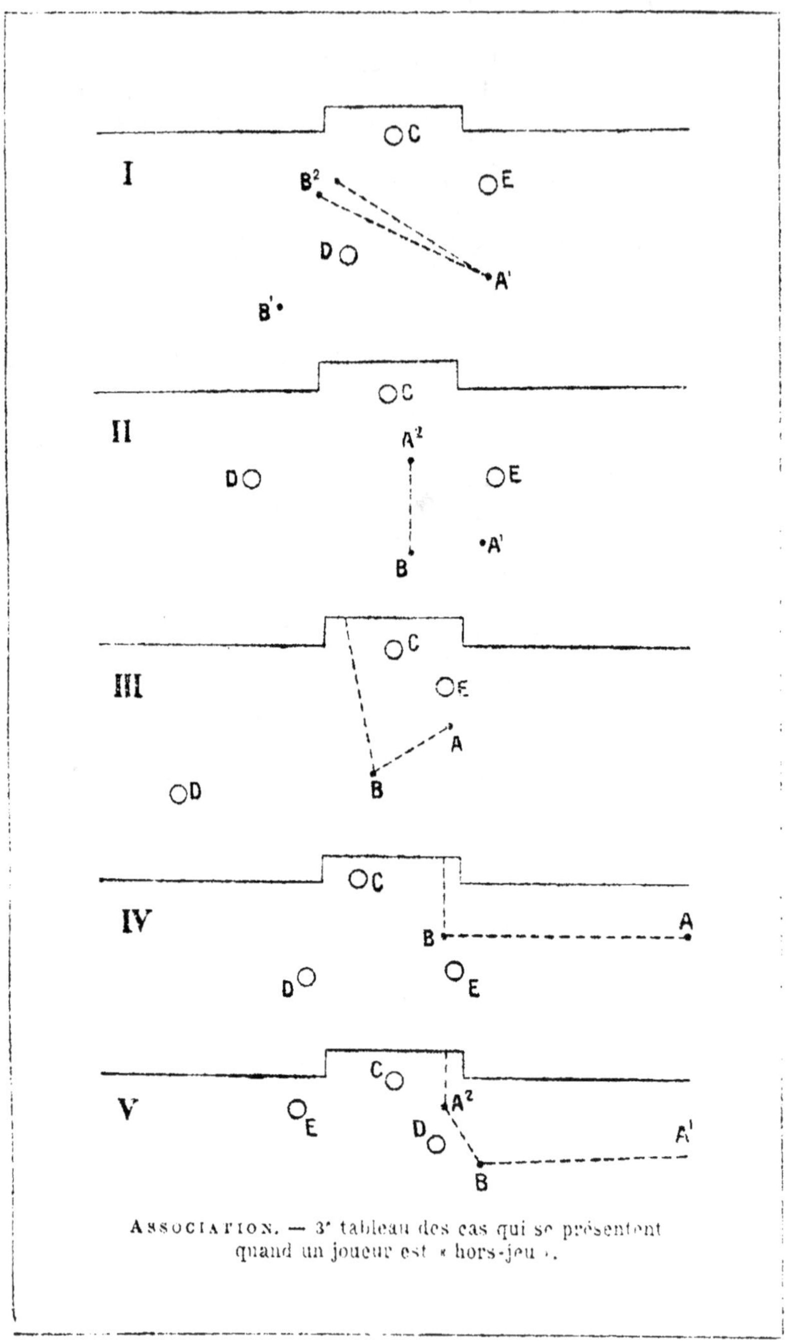



ASSOCIATION. — 3ᵉ tableau des cas qui se présentent
quand un joueur est « hors-jeu ».

A du coin envoie le ballon directement à B qui shoote et marque. B n'est pas hors-jeu.

De la touche (*fig.* V) :

A fait une rentrée en touche et envoie le ballon à son partenaire B. Celui-ci trompe l'arrière D ; le ballon vient en A² ; A, qui a prévu le coup, est accouru, reprend le ballon et fait le but. Y a-t-il hors-jeu ?

Oui et non. Oui, si A est placé en A², avant que B n'ait touché le ballon. Non, s'il y est venu — très vite, par exemple, après que B avait reçu le ballon.

Il est presque impossible d'énumérer et d'inscrire ici toutes les circonstances qui tombent, en matière de hors-jeu, sous l'application du règlement. Les exemples qui précèdent suffisent à en élucider le mécanisme et à éclairer la lanterne des arbitres.

*Le Capitaine.* — *L'Arbitre.* — Les qualités exigées pour ces fonctions sont les mêmes en Association qu'en Rugby. (V. pages 35 et suiv.)

## LES CLUBS D'ASSOCIATION

Les clubs français qui ont inscrit dans leur programme sportif le football Association sont aussi nombreux que les grains de sable dans l'Océan. Il n'est plus un endroit où le jeu soit ignoré ; si certaines régions, comme le nord et l'ouest de la France, s'y sont spécialement adonnées, partout ailleurs, à Paris, à Bordeaux, à Toulouse, à Marseille, à Lyon, à Nancy, les clubs ont une section d'Association. Il serait oiseux et d'ailleurs sans intérêt d'en donner ici l'énumération.

A Paris, où le jeu est meilleur que partout ailleurs, le Nord excepté, le championnat, organisé par l'Union des Sociétés Françaises de Sports Athlétiques, se joua pour la première fois en 1897, entre un certain nombre de clubs, dont quelques-uns ont aujourd'hui disparu de la circulation sportive ou sont descendus de leur ancienne splendeur.

Les principaux clubs actuels sont, à Paris, le Racing-Club de France, le Stade Français, l'Association Sportive Française ; dans les départements, le Racing-Club Roubaisien, l'Union Sportive Tourquennoise, le Stade Helvétique de Marseille.

Mais, outre ceux-là, il existe une quantité considérable de

clubs, qui, sans être jamais montés au pinacle du championnat, tiennent à leurs rivaux la dragée haute, jusqu'à ce qu'ils leur fassent connaître les dangers de la roche Tarpéienne.

A côté de l'U.S.F.S.A, vivent et prospèrent d'autres fédérations qui possèdent de nombreux clubs et de plus nombreuses équipes d'Association, leur jeu préféré. Parmi elles, on peut citer, comme les plus importantes, la Fédération Gymnastique et Sportive des Patronages Français, la Fédération Cycliste des Amateurs Français, etc.

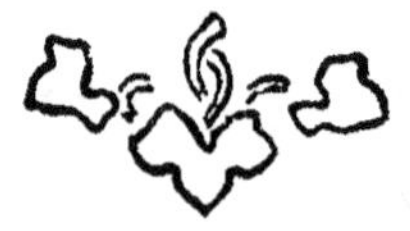

## LEXIQUE DU FOOTBALL

Nous expliquons ci-après les mots courants de la langue du football, en une sorte de dictionnaire qui évitera à nos lecteurs des recherches difficiles dans le code et les règlements.

L'initiale A signifie Association; R, Rugby. Les mots communs à l'Association et au Rugby sont suivis des deux lettres accolées.

*Arbitre* (A.R.). — Mandataire désigné par une Fédération ou par les capitaines d'équipe et chargé de réprimer les fautes.

*Arbitre de touche* (A.R.). — Mandataire désigné par les capitaines, à l'effet d'indiquer le point exact de la sortie du ballon.

*Arrêt de volée* (R.). — Réception du ballon, avant qu'il ne touche le sol.

*Arrière* (A.R.). — En Association, l'un des deux joueurs qui constituent la troisième ligne de l'équipe. En Rugby, le gardien du but.

*Avant* (A.R.). — Les hommes qui forment la première ligne d'une équipe.

*Avant-aile* (A.). — Celui qui, de chaque côté, est à l'extrémité de la ligne d'avants.

*Avant-centre* (A.). — Joueur qui est au centre de la ligne d'avants.

*But* (A.R.). — En Association, montants en bois munis d'un filet; en Rugby, montants en bois non munis de filet, reliés l'un à l'autre par une barre transversale. En Association, le ballon doit passer au-dessous de cette barre; en Rugby, il doit la franchir. — *Marquer un but* (A.). faire pénétrer le ballon dans le filet. *Gagner un but* (R.), avoir marqué l'essai et le but (5 points).

*Capitaine* (A.R.). — Joueur chargé par ses camarades ou par son club du commandement de l'équipe.

*Centrer* (A.). — Envoyer le ballon au centre.

*Championnat* (A.R.). — Épreuve sportive, dont le vainqueur est proclamé *champion*.

*Cinq-huitièmes* (R.). — Ligne de joueurs placés entre le demi et les trois-quarts, dans la méthode zélandaise.

*Corner* (A.). — Coin. *Coup de coin*, remise en jeu du ballon, en le lançant d'un coin.

*Coup de pied franc* (A.R.). — Pénalité par laquelle l'arbitre donne un avantage à l'une des équipes, en raison d'une faute commise par l'autre.

*Coup de pied de volée* (A.). — Renvoi du ballon, avant qu'il ne touche le sol.

*Coup de pied de but* (A.). — Renvoi du ballon de la ligne de but.

**Coup de pied de réparation** (A.). — Pénalité en cas de faute grave commise sur la surface de réparation.

**Coup de pied tombé** (R.). — Où le joueur laisse tomber le ballon sur le sol avant de donner le coup de pied.

**Coup de pied d'envoi** (A.R.). — La mise en jeu du ballon, au début de la partie.

**Coup de pied de renvoi** (A.R.). — La remise en jeu du ballon, au cours de la partie.

**Coup de pied de déplacement** (A.R.). — L'envoi du ballon dans la partie du terrain que l'on suppose être libre d'adversaires.

**Coup de pied placé** (R.). — Lorsque le ballon est posé sur le sol, avant le coup de pied.

**Demi de mêlée** (R.). — Le demi qui reçoit le ballon sortant de la mêlée.

**Demi d'ouverture** (R.). — Le demi qui est chargé de préparer le chemin aux trois-quarts.

**Demi-centre** (A.). — Le demi qui se tient au centre de la ligne.

**Dislocation** (R.). — L'égaillement des avants, lorsque le ballon est sorti de la mêlée.

**Dribbler** (A.R.). — Chasser devant soi, en courant, le ballon : en Association, avec les pieds seuls; en Rugby, avec les pieds, les tibias et même les genoux. *Dribbling*, le fait de dribbler.

**Droped-goal** (Faire un) [R.]. — Au moyen d'un coup de pied tombé, faire franchir le but au ballon.

**En avant** (R.). — Déviation du ballon hors de la ligne droite, lors d'une passe.

**Essai** (R.). — Pose du ballon derrière le but. L'essai vaut 3 points.

**Goal** (A.). — Le but. Le gardien de but.

**Hors-jeu** (A.R.). — Être hors-jeu, c'est se trouver, volontairement ou non, dans une position qui interdit de continuer à jouer et est passible d'une pénalité.

**Interne** (A.). — Interne gauche ou interne droite, les deux avants qui flanquent l'avant-centre.

**Jeu fermé** (R.). — Manière de jouer qui consiste à conserver le plus longtemps possible le contrôle du ballon, sans le laisser sortir de la mêlée. On dit aussi *mêlée fermée*.

**Jeu ouvert** (A.R.). — C'est, au contraire, jouer par passes, par charges ou par dribblings.

**Ligne de but** (A.R.). — Ligne tracée, aux deux extrémités du terrain, sur le petit côté du rectangle.

**Ligne de touche** (A.R.). — Ligne tracée, à droite et à gauche, sur le grand côté du rectangle.

**Ligne de touche de but** (R.). — Le prolongement, au delà du but, des lignes de touche.

**Ligne de ballon mort** (R.). — Ligne qui relie, à 22 mètres du but, les lignes de touche de but, et au delà de laquelle on ne joue plus utilement le ballon.

*Ligne d'envoi* (R.). — Ligne tracée au milieu du terrain et qui relie les touches.

*Ligne de renvoi* (R.). — Ligne tracée à **22** mètres du but, dans l'intérieur du terrain, d'où se remet en jeu le ballon, dans différentes conjonctures.

*Marquer* (A.R.). — Acquérir, gagner. *Marquer un but* (A.), faire entrer le ballon dans le filet. *Marquer un essai*, poser le ballon à terre dans le but adverse. — Recevoir. *Marquer le ballon*, recevoir le ballon de volée, en faisant du talon une *marque* à l'endroit où il est reçu.

*Match* (A.R.). — La rencontre de deux équipes.

*Match nul* (A.R.). — Match qui se termine sur le même nombre de points, ou sans points marqués.

*Mêlée* (R.). — L'opposition, tête contre tête, épaules contre épaules, des avants de chaque équipe. — *Tourner la mêlée*, déborder, à droite ou à gauche, la mêlée adverse. — *Mêlée fermée*, mêlée où les hommes, sans se redresser, emmènent le ballon entre leurs jambes. *Mêlée ouverte*, celle où les hommes, debout, chargent, sans cesser d'entourer le ballon.

*Mi-temps* (A.R.). — Repos de 5 à 10 minutes, au milieu de la partie. — Se dit aussi de chacune des deux reprises d'une même partie.

*Off-Side* (A.R.). — Voyez *hors-jeu*.

*Pénalité* (A.R.). — Sanction d'une faute.

*Plaquer* (R.). — Jeter un homme à terre.

*Prolongation* (A.R.). — Augmentation, en cas de match nul, de la durée d'une partie.

*Talonner* (R.). — Chasser au moyen du talon le ballon en arrière dans la mêlée.

*Tenu* (R.). — Position d'un joueur saisi, le ballon en mains, par un ou plusieurs joueurs.

*Touche* (A.R.). — Ligne de délimitation du terrain, sur le grand côté du rectangle. — Le fait par le ballon de franchir cette ligne.

*Toucher* (R.). — Poser la main sur le ballon, soit en marquant un essai, soit pour empêcher l'adversaire de marquer.

*Trois-quarts* (R.). — La troisième ligne de joueurs.

*Winger* (R.). — Ailier à la mêlée, dans la méthode zélandaise.

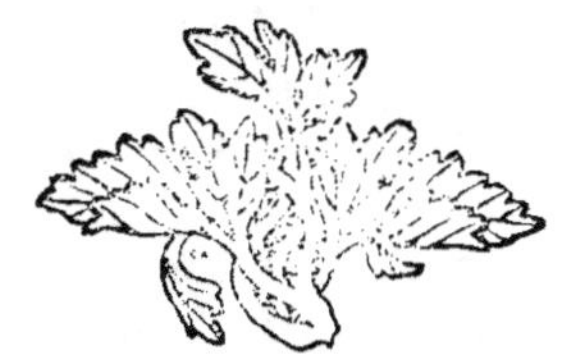

# LA COURSE A PIED

La saison de course à pied proprement dite, c'est-à-dire la course sur piste, commence dans les premiers jours du printemps, alors que vient de finir la course à travers champs et bois, le « cross-country », apanage de l'hiver.

Chaque dimanche, matin et après-midi, sur des pistes au gazon épais et court, entretenu avec soin et rigoureusement soustrait aux profanes piétinements, une nuée de coureurs aux pieds agiles s'empressent de couvrir dans le moins de temps possible des distances parfois semées d'obstacles et variant de 100 mètres à plusieurs kilomètres.

La course à pied a été pratiquée de tout temps.

Nul n'ignore, en effet, la part considérable qu'ont faite les Grecs à la course à pied et à la marche. Les Jeux Olympiques sont là pour en témoigner. Le peuple tout entier attendait avec une impatience fébrile le retour de l'Olympiade, échéance des Jeux Olympiques, où se ruaient tous les athlètes du monde connu des Anciens et qui était, en même temps que la fête du muscle, l'occasion de très grandes réjouissances.

Il y a quelque trente ans, des hommes imbus d'idées nouvelles entreprirent de faire de ce sport naturel un sport officiel et dûment réglementé. Le Racing-Club de France naissait, suivi, quelques semaines plus tard, par le Stade Français (1882-1883). C'est à ces deux *pères* presque jumeaux de l'athlétisme que l'on doit la rénovation et l'organisation de la course à pied et des concours athlétiques, tels que les ont pratiqués, depuis, des milliers de jeunes gens.

Car l'idée maîtresse de cette organisation, la nécessité des exercices physiques, fit rapidement son chemin, non seule-

ment dans la jeunesse, mais dans le sentiment public. On a
même vu — quoique trop rarement — des sommités de la
politique s'intéresser publiquement aux ébats de nos jeunes
athlètes.

## LES COURSES SUR PISTE

**La langue des courses à pied.** — La course à pied a son
vocabulaire qu'il est nécessaire de connaître. Les mots en
sont empruntés, comme il convient, à la langue anglaise, à
la fois par les exigences de la mode et le besoin de désigna-
tions plus concises qu'elles ne le seraient dans notre langue.

*Scratch*. — Se dit d'une course dans laquelle tous les
coureurs partent d'une même ligne et dont le vainqueur est
celui qui passe le premier la ligne d'arrivée. Dans une
course « scratch », tous les hommes sont d'une valeur sensiblement égale.

*Handicap*. — Lorsque, dans le cas contraire, les coureurs
sont de force assez inégale pour que vainqueurs et vaincus
puissent être désignés, en quelque sorte, au début, on a
recours au *handicap*. Expliquons : Pierre et Jacques se mettent en ligne pour une course de 100 mètres. Pierre est
rapide; il a fait 11 secondes 1/5; Jacques a besoin de 12 secondes. Pour égaliser les chances du second, pour donner plus
d'intérêt à la course, car Pierre voudra conserver sa supériorité et Jacques s'efforcera de la rendre nulle, on retirera, par
exemple, 2 mètres à Jacques, qui n'aura plus à courir que
98 mètres, et Pierre se trouvera *handicapé* de 2 mètres.

Il y a une autre façon d'établir le handicap, particulière
aux courses sur route et aux épreuves de « cross-country ».
Le « handicap » s'établit sur le temps. Les coureurs partent
les uns après les autres, suivant le nombre de minutes ou
de secondes dont ils sont bénéficiaires.

Pour les courses de demi-fond ou de fond, les coureurs
partent en même temps. Le classement se fait par l'addition
du « handicap » et de la distance réellement couverte.

Les courses de haies comportent deux manières de « handicap » :

1° Faire courir au *limitman* (1) la distance réelle et au
*scratchman* (2) une distance plus longue;

---

(1) Le *limitman* est celui qui part à la « limite » indiquée pour
le handicap.

(2) Le *scratchman* est celui qui couvre la distance entière.

2° Faire partir le « scratchman » à la distance exacte et le « limitman » à une distance réduite.

**Vitesse et fond.** — « Course à pied » est un terme générique qui englobe différentes formules de courses :

A) Les *courses sur piste,* gazon ou cendrée ;

B) Les *courses sur route,* dont le prototype est la course du soldat de Marathon ;

C) Les *courses à travers la campagne,* appelées, d'une façon plus concise, « cross-country ».

Les réunions sur piste se font pendant la belle saison, de mai à septembre ; les courses sur route et le cross country, en automne et pendant l'hiver. Elles sont, en quelque sorte, exclusives les unes des autres. La piste a pour ses fervents un charme qui les éloigne des rudes randonnées d'hiver ; les amateurs de cross-country et de courses sur route sont pleins de dédain pour les *pistards.*

Les courses sur piste se subdivisent en trois catégories :

1° Les *courses plates ;* 2° les *courses de haies ;* 3° le *steeple-chase.*

A leur tour, les courses plates sont de différentes natures :

a) Les courses de *vitesse* de 60 à 400 mètres ; b) les courses de *demi-fond* de 400 à 1 500 mètres ; 3° les courses de *fond* de 1 500 mètres à 42 kilomètres (course de Marathon).

**Organisation d'une course.** — Pour la bonne organisation d'une course sur piste, sur route ou en cross country, il est d'usage de désigner un certain nombre de personnes compétentes, dites les *officiels,* parce que choisies par l'autorité supérieure ; elles sont chargées de fonctions diverses destinées à assurer la régularité de la course. Voici leur mission :

1° Le *starter* (mot anglais emprunté à la langue hippique est celui qui donne le départ, au moyen d'un coup de revolver chargé à blanc. C'est en même temps le juge du départ ; les coureurs doivent, tous à la fois, s'élancer à la détonation ; si un ou plusieurs partent avant les autres, il peut les faire remettre en ligne. Il a même un droit coercitif. En cas de tricherie de l'un des coureurs, le starter peut lui infliger un « handicap ».

Au lieu du revolver, un starter peut employer un drapeau qu'il baisse brusquement, comme dans les courses de chevaux. Mais, d'abord, il est obligé de se tenir devant les coureurs, qui sont plus ou moins penchés vers le sol et doivent relever la tête; puis, le mouvement du drapeau a beaucoup moins de précision que la détonation et l'exactitude du départ s'en ressent;

2° Le *juge à l'arrivée* est, comme l'indique son titre, chargé de juger les arrivées. Il a le même pouvoir absolu que le *starter* et, seul, déclare sans appel la place occupée par les arrivants;

3° Le *chronométreur* note le temps de la course. Il déclanche l'aiguille du chronomètre à la lueur du coup de revolver et non au bruit de la détonation; le son parcourant 340 mètres à la seconde et la lumière 300 000 kilomètres, la durée de la course, dans le dernier cas, serait sensiblement augmentée;

4° Le *juge arbitre*, le quatrième officiel, veille à la régularité des épreuves. Il reçoit les réclamations et leur donne la solution qu'il croit équitable; il a le droit de distancer les coureurs fautifs.

*Éliminatoires.* — Il arrive que certaines épreuves réunissent un lot considérable de coureurs; au delà d'un certain nombre, on les divise en séries; mais si leur nombre est trop élevé, ces innombrables séries seraient, pour le public, un spectacle fastidieux. On institue, dès lors, deux réunions: l'une, le matin, où les moins bons des concurrents sont éliminés: l'on ne réserve pour les demi-finales et les finales, l'après-midi, que les meilleurs d'entre eux.

Les courses de vitesse 100 à 400 mètres se courent sur une piste spécialement aménagée à cet usage, piste en gazon ou simplement en terre battue, quelquefois en cendrée, comme on les fait en Amérique et en Angleterre, mais rarement en France.


## LES COURSES DE VITESSE

Les courses de vitesse sont celles qu'apprécie le mieux le public. Elles sont en même temps le rêve de tout coureur. Mais aucune course ne demande plus d'aptitudes naturelles. On naît coureur de vitesse, on ne le devient pas; c'est-à-dire qu'un entraînement judicieux pourra bien développer la rapidité de l'allure, mais ne la créera pas; aucun entraînement ne la peut donner. Nombre de coureurs qui feraient, après un certain laps de temps, de bons coureurs de demi-fond, voire de fond, ne seront jamais que des coureurs de vitesse de quatrième ordre; ils n'y peuvent rien.

**Les 100 mètres.** — La course de 100 mètres est la plus plaisante de toutes et le but des ambitions du plus grand nombre. Un bon athlète doit couvrir 100 mètres en 11 secondes 2/5. Au-dessus, c'est moins brillant, mais fréquent; au-dessous, c'est tout à fait bien, mais rare. Il faut un champion de toute première grandeur pour se permettre l'exploit de 9 mètres 50 en 1 seconde, environ 10 secondes 4/5 pour 100 mètres. C'est une licence que l'on ne supporte que chez quelques-uns; encore faut-il qu'ils soient étrangers.

**L'entraînement.** — Le record des 100 mètres est donc fort enviable. Mais n'est pas qui veut *recordman* ou *champion*. On a vu des champions de France avec 12 secondes; cela dépend de la valeur du lot annuel.

Il ne suffit pas de courir vite, d'avoir une qualité naturelle de vitesse; il faut encore *savoir* courir et cela demande un entraînement raisonné. Deux conditions sont nécessaires au coureur de vitesse : l'entraînement et la science du départ.

Comment s'entraîne-t-on?

Selon que le coureur est de puissante musculature ou plus ou moins mince et léger, qu'il est plus ou moins habitué aux exercices physiques, la période d'essais durera un mois ou cessera au bout d'une quinzaine de jours; mais ni dans l'une ni dans l'autre espèce, on ne devra s'écarter d'une règle absolue : ne ressentir jamais, après le travail, une fatigue prolongée. Débuter sur une distance de 40 mètres, puis 50 mètres, puis 75 mètres; ne passer de l'une à l'autre qu'après complète accoutumance à la précédente; en un mot, que l'entraînement soit progressif et raisonné.

**Le départ.** — La seconde condition du succès, c'est la science du *départ*. Un mauvais départ, c'est quelques mètres perdus, qu'il est bien difficile, sinon impossible, de rattraper.

Jadis, le coureur se plaçait sur la ligne de départ, le pied droit en avant, le genou droit légèrement fléchi, le jarret gauche bien tendu. Sans doute, dans cette position, le côté droit du tronc était-il en avant? Non. Par un mouvement de rotation sur les hanches, l'épaule gauche était en avant et le bras gauche tendu horizontalement. Au signal, le bras était vigoureusement rejeté en arrière et, la jambe droite aidant, le coureur partait assez vite.

Aujourd'hui, deux autres façons peuvent être envisagées. L'une, la façon française, veut que le coureur, penché jusqu'à toucher des doigts le sol, soit tout prêt, au coup de pistolet, à s'élancer. Ceci demande une explication :

Le pied droit se pose sur la ligne, le pied gauche s'écarte en arrière de 30 centimètres environ et, de côté, de 10 centimètres. Le poids du corps porte sur le pied droit; le gauche ne maintient que l'équilibre. Puis, les deux pieds calés dans un creux du terrain, le coureur se baisse et appuie légèrement sur le sol le bout des doigts, placés sur la même ligne que le pied droit, et il attend le signal.

Les Américains ont compris autrement les préparatifs du départ et ils n'ont qu'à s'en féliciter.

Leur départ comporte plusieurs temps :

*Premier temps :* ils posent un genou sur le sol, le corps très incliné en avant et soutenu, comme nous le faisons, par les doigts posés à terre.

*Second temps :* lorsque le « starter » dit : « Êtes-vous prêts? » le coureur soulève le genou, élevant ainsi son corps, sans que les mains quittent le sol.

Enfin, au moment où retentit le signal, c'est une détente brusque et générale de tous les muscles, de tout le corps, qui s'aide ainsi des bras et des jambes, pour être en action dans le moindre temps possible.

Nous croyons que cette méthode est préférable, surtout en ce qui concerne le genou préalablement appuyé sur le sol. Supposons qu'il y ait plusieurs départs, c'est-à-dire que les coureurs soient plusieurs fois obligés à se remettre en position, le genou se fatigue moins que la jambe tendue sous le poids du corps.

En outre, le « starter » américain ne donne qu'un seul avertissement : « Êtes-vous prêts? » Puis, à 2 secondes de cet avertissement, il tire le coup de revolver. Nous, nous nous égarons dans les minuties. Il ne faudrait pas oublier que la position du coureur est des plus instables et devient énervante à être prolongée, ne fût-ce que de quelques secondes, d'autant plus qu'il y a souvent de faux départs et que la fatigue et l'énervement s'aggravent de la répétition des mouvements.

Quoi qu'il en soit et quelque façon que l'on adopte, il faut partir juste au coup de pistolet. Cela s'acquiert par de nombreux essais sur 20 ou 25 mètres.

Jusqu'au moment où le coureur se peut dire certain que son départ coïncidera exactement avec le signal, il peut arriver — il arrive — que le meilleur succombe devant un adversaire nettement inférieur, mais qui aura bien pris le départ.

Les indications et les conseils qui précèdent ne sont évidemment pas absolus : ils restent subordonnés à la taille du coureur. La distance entre chaque pied, par exemple, ne sera pas la même si l'homme a 1ᵐ,60 ou 1ᵐ,80. C'est à lui de tâtonner jusqu'à l'écart idéal, propice à l'extrême limite de son équilibre. Puis, les uns partent du pied droit, les autres du pied gauche.

Il y a cependant un point constant, c'est qu'il faut éviter que le pied en arrière, gauche ou droit, soit trop rapproché du pied qui est sur la ligne, droit ou gauche. Car le coureur part en deux temps; il se relève, d'abord, et démarre ensuite, d'où l'apparence, au signal, de rester sur place. Ce trop grand rapprochement des deux pieds fait que la première foulée est beaucoup plus courte que les suivantes; le coureur est obligé à se mettre en action.

En augmentant la distance entre les deux pieds, de manière que la jambe arrière soit presque tendue, le démarrage s'opère en pleine allure et en seul temps. Au signal, le corps n'a plus à se relever; la jambe fait ressort, jetée en avant dans la foulée réelle, au moment même où les mains quittent le sol; elle ne subit pas de mouvement de recul ou, plus justement, d'arrêt. Ce résultat a d'autant plus d'importance que l'on gagne ainsi à peu près une seconde et que, dans un 100 mètres, cette seconde représente un peu plus d'un mètre.

Il est bon également, contrairement à la coutume de certains coureurs français, de ne se relever que progressivement et de courir légèrement penché pour, au dernier moment, jeter sur le fil de laine, tendu au travers du but, la poitrine brusquement redressée. On ne voit que trop nos athlètes courir, la tête rejetée en arrière, avec des saccades du corps et des bras (*fig.* 1). Tous ces riens, sans conséquences apparentes, arrivent à faire perdre 2 à 3 mètres sur l'ensemble de la course. Ils valent qu'on les prenne en considération.

*Le style.* — Le style dans la course dépend en partie de la structure physique du coureur. Tel lourdaud restera, quoi qu'il fasse, sans grâce et sans élégance; tel mal en chair et sans souplesse sera toujours raide et compassé et, peut-être, ceux-là feraient-ils sagement de renoncer aux courses de vitesse, qui ne se pourront aisément défaire d'une agitation intense des bras, des épaules et de la tête.

Pour faire un coureur élégant, il faut bien des choses, la légèreté pour courir sur la pointe des pieds, le talon n'intervenant que comme frein; la souplesse, sans exagération, lever juste assez la jambe pour que n'en souffre pas la vitesse; l'accord du mouvement des bras avec celui des jambes, à l'inverse des coureurs qui croient, avec des moulinets éperdus, s'aider à vaincre la résistance de l'air. Ce n'est pas la résistance de l'air qui est vaincue, c'est leur souffle qui diminue plus vite.

**Les 400 mètres.** — Le 400 mètres est, de toutes les courses de vitesse, la plus dure et la plus pénible. L'effort est le même que pour les 100 mètres, mais doit se soutenir quatre fois plus longtemps. Le temps moyen, pour l'amener à bonne fin, est de 51 secondes. Si l'on veut être très brillant, on arrive avec beaucoup de peine à 50 secondes. Un de nos coureurs a dépassé d'une seconde ce temps, qui fut un record longtemps imbattu.

**L'entraînement.** — Pour faire un bon coureur de 400 mètres, il faut à la fois être vite et savoir, pendant les 50 à 52 secondes que dure la course, se passer de respiration, autrement dit entraîner à la fois les jambes et la respiration, double labeur qui exige beaucoup de volonté et de persévérance.

Il va de soi que tout le travail de préparation est en quelque sorte quadruplé. Le début de l'entraînement rappelle celui de 100 mètres; c'est la vitesse qu'il faut acquérir; c'est le départ qu'il faut prendre avec la même netteté. Mais, au bout de quelque temps, le coureur se donnera du souffle, en couvrant, chaque jour deux fois, 500 ou 600 mètres, à 20 ou 30 minutes d'intervalle, en allongeant le plus possible la foulée, mais sans aller jusqu'à l'épuisement. Au bout de 15 jours de labeur, il fera, une fois, 600 mètres à allure soutenue, puis 150 mètres à toute vitesse. Les derniers jours, il se fera entraîner par des camarades sur 250 ou 300 mètres, en vitesse, et en donnant de bout en bout tout ce qu'il pourra donner, mais en se surveillant et sans jamais se « surmener », barbarisme qui signifie : dépasser à force de volonté la limite de la puissance physique.

**La course.** — Les tactiques qu'adoptent pour leur usage personnel les coureurs de 400 mètres sont très nombreuses. Voici celles, au nombre de deux, pas plus, qui s'adaptent à la moyenne des athlètes :

1° Suivre, dès le début, l'homme réputé le plus dangereux du lot, ne le quitter point plus que son ombre, et attendre les derniers mètres, « l'emballage final », pour tenter l'attaque décisive;

2° Partir en tête, maintenir son avance en gardant la corde, c'est-à-dire le bord gauche de la piste, et ne se laisser devancer par personne.

Cette dernière méthode est la plus simple, mais combien dure! Il faut se sentir d'une belle supériorité pour tenter l'aventure.

Si nous parlons, maintenant, du 400 mètres *handicap*, nous distinguerons deux manières de faire la course :

1° Si l'on est *scratch*, tenter de rejoindre le coureur d'un handicap moyen, pour se reposer derrière lui, jusqu'à ce qu'il ait lui-même rattrapé les hommes les plus avancés ; alors le dépasser ; le plus souvent, il renonce ;

2° Si l'on est *handicapé*, il faut, dès que l'on sent le scratch derrière soi, repartir à toute vitesse. pendant 80 ou 100 mètres. Il y a beaucoup de chances pour que, contraint à un nouvel effort, il cesse définitivement d'être inquiétant.

**Les 200 yards.** — La course de 200 yards (187 mètres 87) figure sur les programmes des cercles qui, comme le Stade Français, ont pu aménager sur leur terrain une piste en ligne droite de suffisante longueur. La course est très dure et demande un entraînement des plus minutieux.

## LE HANDICAP

L'établissement d'un handicap est une des choses les plus délicates de la course à pied. Donner à un coureur. d'après la nature et les conditions de ses succès, de ses défaites et de ses « temps », un handicap exact, qui ne soit ni trop lourd ni trop lâché, qui ne le place pas en état d'infériorité et ne lui laisse pas davantage une supériorité trop marquée, c'est une opération qui exige, avec une grande compétence, beaucoup d'impartialité et de savoir-faire.

Il n'est cependant réunion intime ni championnat qui ne laisse une amertume au cœur du « handicapé ». Quand la fortune a trahi ses espérances. il attribue nécessairement à son handicap et à celui qui l'a établi, et son échec et son amoindrissement personnel.

Si, malgré la charge d'un lourd handicap, le coureur l'emporte. il en est fier, sans doute : il n'en garde pas moins à l'égard du « handicapeur » un sentiment de défiance. car, si sa vaillance lui a, quand même, donné la victoire, il connaît sa valeur exacte, tandis que le « handicapeur » n'avait pas de sa performance une précise notion.

Les chronométreurs ou les handicapeurs. ceux-là que désigne la Fédération et que l'on nomme *officiels*, sont des hommes à l'abri de tout soupçon de favoritisme ou de camaraderie. Soit. En a-t-il été toujours de même? Pourquoi tel record de vitesse, si longtemps maintenu dans les Annuaires, tel que l'avait annoncé le chronométreur de l'époque, a-t-il été soudain modifié et ne figure-t-il plus que comme un « temps » commun à plusieurs coureurs?

Au début, en effet, le chronométrage n'était pas encore entre des mains « officielles », c'est-à-dire inaccessibles au doute. La performance dénoncée paraissait superbe, elle l'était trop; bientôt, elle devint extraordinaire, puis invraisemblable, par ce fait que, des années s'étant écoulées sans qu'aucun coureur, même par exception, eût pu abattre ledit record, on ne s'est plus gêné pour le trouver fantaisiste. Les intéressés actuels ont fini par en tomber eux-mêmes d'accord. Seulement l'impression est restée, malgré le temps passé, qu'un chronométreur avait énoncé un temps dont il n'était pas suffisamment assuré; elle s'est transmise d'une génération à l'autre et l'on ne retirera pas de la tête d'un garçon, écœuré par sa défaite, qu'il la doit, sinon à un chronométreur, du moins à un handicapeur, qui aurait « joué » avec la réalité.

Il ne se dira pas qu'il peut s'abuser sur sa valeur. Au contraire, un gros handicap commence par exciter sa vanité. N'est-ce pas un aveu de sa supériorité? Mais vienne la défaite, seule subsiste la rancune. Ce n'est pas d'une défaillance qu'elle est venue, cette défaite, c'est du handicap! Ce n'est pas d'un de ces mille incidents de course, toujours possibles, c'est du handicap!

## LES COURSES DE DEMI-FOND

Les courses de demi-fond, intermédiaires entre les courses de vitesse et les courses de longue durée, se disputent sur 800 et 1500 mètres. Les distances intermédiaires, comme 1000 mètres, sont des exceptions qui ne sont pas comprises dans ce que l'on a appelé les courses classiques.

*800 mètres.* — Pour préparer une épreuve de 800 mètres, il faut courir, une fois chaque jour, une distance d'environ 500 mètres et veiller sur son allure, car la souplesse et l'aisance sont ici aussi nécessaires que dans les épreuves de vitesse.

Ces points acquis, on pourra augmenter et la distance et

le train, de manière que, quelque temps avant la date fixée, l'on soit déjà prêt sur la distance.

Il suffira ensuite de courir, une fois par jour, la distance réelle, un chronomètre à la main, afin de régulariser l'allure, car, dans le 800 mètres, c'est l'allure qui importe le plus, plus que celle des coureurs de vitesse ou de 1 500 mètres.

Le temps moyen des bons coureurs de 800 mètres est 2 m. 1 s.

*1 500 mètres.* — Le 1 500 mètres, la plus longue des courses classiques, exige des futurs champions un entraînement très régulier et très minutieux; mais il est malaisé d'indiquer pour cet entraînement des règles fixes et communes à tous les coureurs, car elles varient selon le tempérament et la valeur intrinsèque de chacun.

*Entraînement.* — On peut cependant diviser en deux périodes l'entraînement des courses de demi-fond : celle pendant laquelle on prépare sa forme future et celle où, la forme acquise, on doit s'y maintenir.

Choisissons, dans un lot d'athlètes, un coureur grand et mince et un coureur solide et de santé exubérante. Comment s'entraînera le premier? En donnant le plus de jeu possible aux articulations du pied et de la cheville ; il *fera des pointes*, c'est-à-dire qu'il courra à petits pas, en sautant d'une pointe sur l'autre et en relevant le plus haut possible la jambe en arrière. On acquiert ainsi dans les mollets une force qui permet de longues distances, sans que le talon touche le sol.

Ensuite, ce coureur grand et mince acquerra *de la foulée* et, pour ce, il choisira le long de la piste des points de repère, il comptera le nombre de ses pas de l'un de ces points au suivant. Peu à peu, il diminuera ce nombre de pas; puis, il répétera sur 100 mètres ce qu'il a fait sur 20 mètres, par exemple, et il poussera jusqu'à 200, 400, etc. Le pli se prendra rapidement.

De son côté, l'athlète dodu n'aura pas tant de précautions à prendre. Il pourra tout de suite commencer par 800 mètres, 1 000 mètres, allonger sa foulée, si, comme il est probable, elle est trop courte, en se condamnant, toutefois, à une certaine progressivité dans l'effort, de façon à éviter toute brusquerie. Car c'est par la répétition, et non par la violence du mouvement, que l'on fortifie les muscles.

Ce n'est pas tout. Ces deux coureurs ne vont pas, pour une course de 1 500 mètres, respirer de la même façon que pour 100 ou 400 mètres ou pour un tour de promenade au Bois de Boulogne. Non. Au lieu de respirer en deux temps, ils respireront en quatre temps; leur respiration prendra deux inspirations suivies de deux expirations, le tout coïncidant avec la pose des pieds sur le sol. Au lieu d'obliger les poumons à faire, en deux fois, deux mouvements contradictoires, ils leur donneront le double du temps pour exécuter ces mouvements; ils y trouveront cet avantage d'absorber plus d'air pur et d'expulser plus complètement l'air brûlé. Quelques jours d'entraînement leur rendront cette façon de respirer aussi aisée, aussi instinctive que la manière ordinaire.

Les bras, également, ont leur rôle. Par un balancement régulier et adapté au mouvement des jambes, ils aident le mouvement du corps.

Une fois nos deux coureurs sûrs de leurs jambes, de leurs bras et de leur poitrine, alors commencera pour eux l'entraînement proprement dit. Tout en laissant à chacun d'eux le soin de mesurer à son tempérament la dose appropriée d'entraînement, nous leur indiquerons quelques mesures générales.

Faire de la piste trois fois par semaine, et cela pendant trois semaines au minimum : 500 mètres à la première séance, 800 mètres à la seconde, 500 mètres à la troisième, en ayant soin de bien observer sa foulée. Pendant la seconde semaine, 1 000 mètres à chaque séance et, après 15 ou 20 minutes de repos, 200 mètres à toute vitesse. Dans la troisième, 1 500 mètres à couvrir trois fois : la première, assez vite; la seconde, très lentement; la troisième, à toute allure avec « emballage » final.

Avoir toujours le souci d'un train régulier et s'entraîner seul : ces deux points sont indispensables. La solitude accoutume le coureur à mener la course de bout en bout. La régularité de l'allure retarde le moment de la fatigue.

Enfin, l'emballage final lui donnera le moyen de résister à un démarrage et de démarrer lui-même, ou de lutter à l'arrivée, car je ne veux pas admettre qu'il puisse, parce qu'il se sentira rejoint, abandonner la course.

Voilà une méthode. Il en est une autre.

Elle consiste à s'entraîner au-dessus et au-dessous de la

distance à couvrir. Il s'agit de 1 500 mètres. Le coureur devra, dans les deux dernières semaines, courir alternativement 1 200 mètres et 2 000 mètres, la distance inférieure assez vite, la distance supérieure lentement, et ce, pour acquérir du fond.

Cette méthode doit être bonne, car de nombreux coureurs, et non des moindres, l'emploient avec succès.

*Le mile anglais.* — Ne quittons pas les courses de demifond sans parler de la course du *mile* anglais (1 609ᵐ,31) qui figure couramment sur nos programmes athlétiques, par similitude avec notre 1 500 mètres. Les conditions d'entraînement et de course sont les mêmes et n'amènent aucune complication particulière.

*Les temps moyens.* — Voici les temps moyens que doit prévoir le coureur qui veut, après un entraînement convenable, prétendre aux premières places :

```
100 mètres . . . . . . . . . . . . . . . . . . . . . . . . 11 secondes
400     —     . . . . . . . . . . . . . . . . . . . . . . . . 52     —
800     —     . . . . . . . . . . . . . . . . . . . . . . . .  2 min. 1 sec.
1 500   —     . . . . . . . . . . . . . . . . . . . . . . . .  4  —  10  —
5 000   —     . . . . . . . . . . . . . . . . . . . . . . . . 16  —   »  —
10 000  —     . . . . . . . . . . . . . . . . . . . . . . . . 35  —   »  —
110     —     haies . . . . . . . . . . . . . . . . . . . . . 16 secondes
200     —       —   . . . . . . . . . . . . . . . . . . . . . 26     —
400     —       —   . . . . . . . . . . . . . . . . . . . . . 58     —
4 000   —     steeple chase . . . . . . . . . . . . . . . . . 14 minutes
  1/2 heure. . . . . . . . . . . . . . . . . . . . . . . . . .  8 kil. 800 m.
  1     —     . . . . . . . . . . . . . . . . . . . . . . . . 16  —  500  —
187 mètres (200 yards) . . . . . . . . . . . . . . . . . . . . 21 secondes
```

## LES COURSES DE FOND

A partir de 1 500 mètres et de la course du *mile*, nous entrons dans le champ infini des courses de fond, de 2 000 mètres à 20 et 40 kilomètres.

Ce genre de courses nécessite quelques explications.

Les Anglais, toujours pratiques, n'ont vu d'intérêt sportif que dans des épreuves suffisamment différentes l'une de l'autre pour nécessiter un effort réel et mériter, par le succès de cet effort, le titre de *recordman*. Les courses les plus fréquentes, c'est 1, 2, 3, 4, 5 et 10 *miles*, mais le *mile* est de 1 609ᵐ,31. Chacune des quatre premières courses représente 1 600 mètres de plus que la précédente; ce chiffre indique la nécessité d'un effort particulier et digne d'être noté.

Mais, au delà de 5 miles (8 046 mètres), quelle nécessité y a-t-il de multiplier les épreuves, unité par unité? Il est bien certain que l'homme qui gagne une course de 8 kilomètres, dans un temps qui le fait recordman de cette distance, sera tout aussi capable d'en couvrir victorieusement 9 ou 10, sans grand accroissement de mérite. Aussi de 5 miles a-t-on passé directement à 10 miles et, en tant que sport professionnel, de 10 à 15, 20, 25, 40, 50 et 60 miles, parce que, entre ces distances, les qualités d'énergie et de résistance physique exigent un effort supplémentaire réel et méritoire.

Nous, Français, tout en adoptant les grandes divisions anglaises, nous les avons multipliées à l'infini, en établissant des records intermédiaires et qui, vraiment, en raison de l'identité de l'effort accompli, ne valent pas l'honneur que nous leur faisons.

*L'entraînement.* — Il va sans dire que les coureurs de fond doivent être légers, minces et nerveux. Un 100 kilos ne sera jamais un coureur de fond.

Il leur faut une préparation sérieuse de six semaines. L'épreuve est pénible et l'effort à donner considérable.

D'abord, le travail préparatoire devra s'entremêler de marche et de course : une promenade, le matin ; 2 kilomètres 1/2 sur piste, l'après-midi, allure modérée. Cela pendant cinq ou six jours.

La semaine suivante, la marche matinale comportera 5 ou 6 kilomètres, sous de chauds vêtements ; à la séance de l'après-midi, 2 000 à 2 500 mètres d'un train plus rapide.

La troisième semaine, intervertir la course et la marche ; le matin s'essayer sur la distance réelle, puis une promenade de 3 à 4 kilomètres dans l'après-midi.

Ensuite, dans les jours qui suivront, on augmentera le train et l'on tentera quelques pointes de vitesse.

Au bout de 30 à 35 jours, on s'étonnera de l'aisance acquise ; l'endurance à la fatigue sera plus grande ; les transpirations successives auront enlevé le poids superflu ; on couvrira tous les jours la distance à bonne allure, le chronomètre à la main, afin de régler le temps.

Huit jours avant la course, on donnera le maximun de l'effort ; puis, dans l'intervalle qui restera, on se maintiendra en bonne condition en faisant le parcours à allure soutenue,

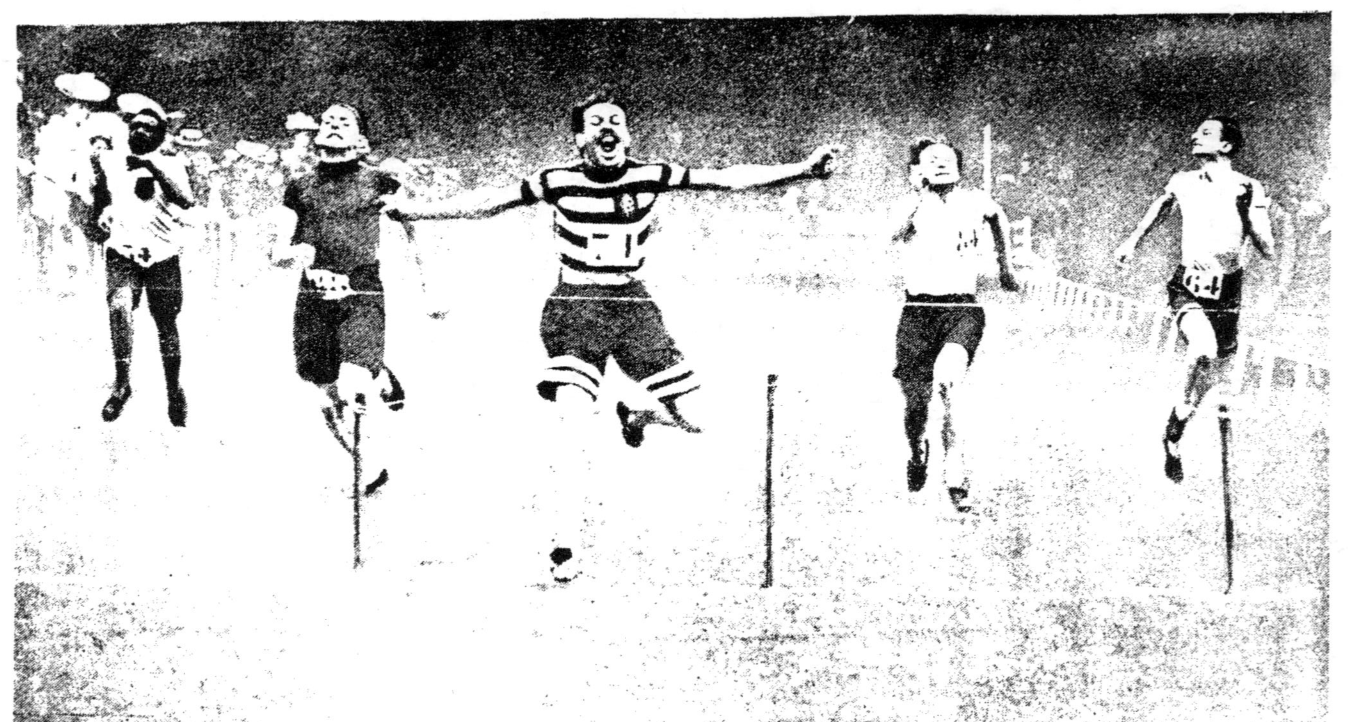

FIG. 1. — ARRIVÉE D'UNE COURSE DE 100 MÈTRES.

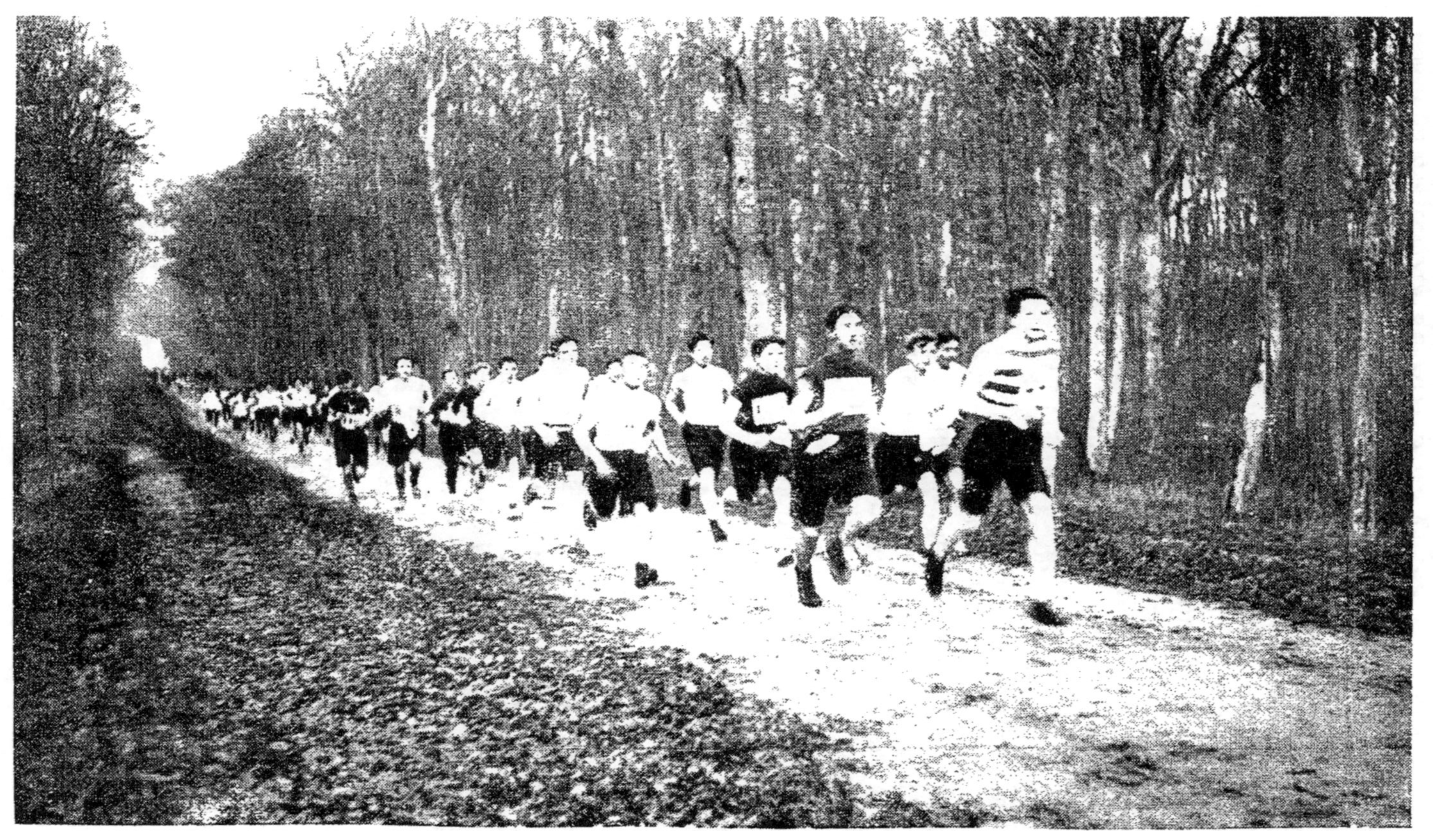

FIG. 2. — UN CROSS-COUNTRY.
Les coureurs s'échelonnent à travers bois.

sans trop pousser; puis l'on se reposera pendant trois jours en ne parcourant, à petite allure, que la moitié de la distance. La veille, repos absolu.

Voilà, croyons-nous, la méthode qui convient à toutes les distances des courses de fond et à la généralité des coureurs.

Toutefois, il faut ajouter un conseil fort utile.

Lorsqu'un coureur aura, grâce à sa bonne préparation, remporté la victoire, qu'il fasse alors son examen, non de conscience, mais d'état physique.

Est-il sans autre fatigue que celle qui résulte d'un effort un peu prolongé et après laquelle on se sent souvent plus dispos qu'auparavant? Alors, qu'il se félicite, car il est en forme.

Se sent-il, au contraire, comme fourbu, mais cet harassement a-t-il cédé à la douche et au massage? Qu'il ne s'inquiète pas; mais qu'il reprenne son entraînement, car il n'est pas encore au point.

Dans le cas seul où, après douche et massage, il se trouve aussi fatigué qu'en quittant la piste, si ses muscles ne retrouvent pas leur élasticité, alors, qu'il renonce, au moins pour un temps, au moins pendant quelques semaines! Il est « **surentraîné !** »


## LE CROSS-COUNTRY

**Généralités.** — Comme son nom l'indique, le cross-country (*fig.* 2 et 3) nous est venu d'Angleterre. Il ne remonte. dans l'histoire sportive de nos voisins, qu'à quarante ans environ. C'est en 1867 que deux clubs anglais eurent l'idée d'opposer l'une à l'autre, dans une *course à travers la campagne,* deux équipes de 20 coureurs, dont 12 étaient classés. On additionnait les places par équipe, comme on le fait d'ailleurs en France, mais avec cette différence que six coureurs seulement participent ici au classement final. Le parcours, aussi accidenté que possible, comportait environ 15 kilomètres avec haies, murs, fossés, qui permettent le développement des qualités naturelles ou acquises et se devait couvrir en 50 ou 52 minutes. Les derniers 500 ou 600 mètres étaient une ligne droite, et le public voyait et jugeait ainsi le *rush* final.

Les coureurs de cross-country, si nombreux soient-ils parfois, ne montrent cependant pas pour ce sport l'empressement et l'enthousiasme qui les appellent sur les pistes de nos clubs. Les brumeuses matinées d'hiver, la pluie possible, la neige fréquente, ne les excitent pas à quitter leur foyer.

Du reste, galoper seul, le plus souvent, dans l'eau ou la boue, sous les arbres tout dégouttants de rosée, dans la neige, sans voir âme qui vive, pendant des kilomètres, est-ce bien attrayant? Il faut n'avoir jamais goûté l'intense jouissance d'une course à l'air froid, à peine vêtu d'une culotte légère et d'un maillot, délivré de tous soucis, si ce n'est de celui de la victoire, pour soutenir pareille allégation.

**Le tracé.** — Le parcours d'une épreuve de cross-country est tracé au moyen de petits papiers, comme le rallye-paper, mais sans comporter de fausse piste, ce qui fait la course régulière et donne la victoire au plus méritant et non au plus heureux.

L'établissement d'un bon tracé est chose difficile et délicate. C'est un soin dont ne doivent se charger que des hommes compétents, qui n'oublieront pas que la piste ne vaudra rien, si elle n'est, à la fois, visible, variée et praticable.

La visibilité s'obtient par un semis de débris de papier, à raison de 1 kilogramme environ par kilomètre, ou même 2 kilogrammes, lorsque le vent souffle et que le parcours comprend des espaces découverts. Les rognures bleues sont celles qui, en tout temps, mais surtout si la neige recouvre le sol, se détachent le mieux.

La variété du terrain est de première nécessité dans un cross-country bien tracé. Les coureurs se distraient et s'intéressent davantage aux obstacles divers; et ils ont de ce fait une plus complète utilisation de leurs qualités.

La praticabilité sera chose acquise, quand les traceurs seront bien convaincus que le cross-country n'est ni une épreuve, ni surtout un concours de gymnastique. Nous n'avons, en France, que trop suivi ces déplorables errements. Qui ne se souvient des raidillons abrupts, des ravins à angle presque droit, des sous-bois à l'allure de forêt vierge de Saint-Cloud et de Ville-d'Avray? (*fig. 3*).

C'est au système exactement inverse que se rallient les traceurs sérieux; ils s'ingénient à préférer aux voies étroites les voies larges, où de donner toute leur mesure les hommes aient la liberté, où l'acrobate et le casse-cou ne prennent pas l'avantage sur des coureurs plus vites et plus endurants.

*Traceurs.* — Les traceurs seront trois et marcheront en file indienne, à 30 mètres l'un de l'autre. Les deux derniers s'assureront de la visibilité du tracé et le renforceront à l'occasion. Les traceurs partiront environ deux heures avant les coureurs. Ils éviteront toute courbe, tout changement de direction qui ne soient nettement marqués. Ils ne traceront jamais le parcours *à rebours*, même pour gagner du temps. Comment les coureurs, arrivant en sens contraire, apercevraient-ils les papiers semés aux flancs des buissons, des haies ou des fossés?

Lâcher les papiers aussi près que possible du sol ; employer, pour les contenir, un sac en forme de traversin retenu sur l'épaule droite par une courroie et maintenu sans ballottement importun par une seconde courroie qui fait le tour du corps. L'ouverture placée sous le bras gauche permet d'extraire, en courant, la poignée de papiers.

**Pas de routes.** — Sauf une certaine distance réservée au départ et à l'arrivée, la « route » doit être bannie des parcours de cross-country. Cela pour deux raisons différentes :

1º Le cross-country est une course à travers la campagne. C'est lui faire perdre son véritable caractère et mentir à son origine que lui enlever les obstacles variés et les changements de terrain dont la route est exempte.

2º Le cross-country est une épreuve saine qui ne relève pas du *bluff*. Il n'a rien de commun avec des exhibitions foraines, avec les tentatives de pseudo-champions qui vont par les grandes routes, la poitrine constellée de ferblanterie, trottiner pendant des heures, non sans recueillir au passage quelques gros sous.

Rien n'est, du reste, aussi nuisible à la forme et aux muscles des jambes, comme à l'individu tout entier, que de fouler un sol aussi dur que l'est celui des routes.

**L'equipement.** — Le maillot le plus pratique et le plus sain est le maillot de laine fine, à côtes extensibles, col droit boutonné, quart de manches.

La culotte doit être *très* large à la ceinture, afin d'éviter les « points de côté ». On la fixe au maillot avec des épingles de nourrice. Le choix des chaussures a naturellement une très grande importance. Les meilleurs souliers — des souliers et non des bottines — sont ceux à pointes, avec talonnettes et barrettes, courroies pour retenir la chaussure, et munis d'une semelle intérieure en acier. Bien entretenus, ces souliers durent facilement plusieurs saisons.

Les caoutchoucs, dits « bains de mer », lourds, chauds et peu solides, ne valent que pour l'entraînement du soir et encore si le parcours comporte du terrain dur. En tout cas, il est prudent d'avoir sous la main la paire de chaussures qui conviendra à la nature du parcours.

L'entretien des chaussures, quelles qu'elles soient, est des plus importants. Après chaque course, il faut les nettoyer avec soin, puis les bourrer de chiffons ou de papier, pour éviter leur déformation, les graisser à l'intérieur comme à l'extérieur et les serrer dans un étui en toile.

Il est bon également de faire usage de ce que les Anglais nomment *sweater*. C'est un maillot de laine épaisse, indispensable pour éviter le refroidissement et absorber la sueur (*sweat*, sueur).

Avec un pot de vaseline, une paire de sangles à boucles — pour attacher, en cas de boue gluante, les souliers — un ou deux rouleaux de bandes à pansement, deux serviettes-éponge, une paire de gants fourrés, le coureur sera le mieux équipé du monde.

*Avant la course.* — Conseils pratiques : N'arrivez jamais au rendez-vous par le dernier train, qui peut — cela se voit — rester en panne, d'où énervement, bousculade, etc., mauvaises conditions pour courir.

De même, n'arrivez pas trop tôt ; car, une fois en tenue, vous aurez froid ; or, l'intérieur de l'auberge — c'est le plus souvent une auberge sans confort — est empesté par les odeurs d'alcool, de fumée de tabac ou de bois vert ; à l'extérieur, il gèle ou il pleut. Il faut donc se recouvrir de ses vêtements de ville pour attendre l'heure, ce qui est évidemment une complication.

Ne jamais se droguer, sous aucun prétexte ; ni kola, ni coca, ni à plus forte raison caféine. Seuls, en course, sont autorisés l'eau de Cologne pour le visage, le jus de citron pour l'estomac et le gosier.

*Pour courir le cross.* — La science du cross-country est assez complexe. On part avec les meilleures intentions de sagesse. Dès l'envolée, le remous du départ bouleverse tous les plans. Il faut quelque temps pour reprendre possession de soi-même, pour se dégager des entours bruyants et retrouver son sang-froid.

Court-on sur le plat ? Que l'allure soit souple, allongée, coulée et régulière. Voici une côte ; on l'aborde lentement, on raccourcit les enjambées, les jambes légèrement fléchies. Le balancement régulier des bras rythme l'allure et donne la sécurité. Jamais de raideur.

Le terrain est-il glissant ? Allongez le pas ; la progression n'en est que plus aisée. Enfin! une plate-forme! Oui, mais pas d'emballement, pas de vitesse. Les jambes ne résisteraient pas au brusque changement d'allure. Elles flageoleraient. Soutenez donc le train modéré. C'est le meilleur.

Un ravin? Un flanc escarpé de coteau? Alors, de l'audace et de longues foulées, les pieds bien à plat, les jambes écartées, sans chercher un arrêt qui précipiterait la chute. En un mot, il faut savoir modérer son allure de telle façon que jamais un effort ne se produise, et penser à l'emballage final.

*L'emballage final.* — Ce n'est pas seulement l'effort dont est si friand le public, dans la ligne d'arrivée. L'emballage doit être long, le plus long possible : 2 kilomètres 1/2 ou 3 kilomètres avant l'arrivée. Car, dans un effort d'une telle envergure, il est possible que l'on gagne 10, 15, 20 places. C'est à considérer. D'ailleurs, pour plus de sécurité, le coureur ne doit détendre son effort qu'une fois le poteau passé, car, là, il n'y a plus de danger de surprise.

**Hygiène.** — L'hygiène à suivre est la même que pour les courses de fond.

## LES COURSES D'OBSTACLES

Les rénovateurs de la course à pied avaient imité de leur mieux, pour leurs réunions, les usages, les coutumes, la langue, le matériel, jusqu'au costume des jockeys — les bottes exceptées — des hippodromes de Longchamp et d'Auteuil, et, pour les hommes comme pour les chevaux, les courses étaient *plates* ou *à obstacles;* les *steeple-chases* avaient leurs *haies,* leur *brook,* leur *rivière.* La piste était le *turf;* le public « chic » se tenait au *pesage;* la foule ? se contentait de la *pelouse.*

Le temps a passé ; la fureur d'imitation du langage et du costume réservés aux spécialistes de l'hippisme s'est éteinte. Le costume actuel est plus en rapport avec la nécessité du sport ; seuls, quelques mots ont survécu, que justifie le besoin de concision, car ils n'ont dans notre langue aucun équivalent convenable. Mais c'est de cette époque que datent les courses d'obstacles, dont l'on trouva profit à corser le spectacle, car ce n'était pas autre chose qu'un spectacle.

**Les courses de haies.** — Les courses de haies sont les 110 mètres, les 200 mètres et les 400 mètres, parmi lesquelles la première est la seule qui jouisse de quelque popularité.

Et cela se comprend. Les dimensions du terrain nécessaire, les onéreuses difficultés d'aménagement, la construction des obstacles à demeure, mur en terre, brook, rivière, ont éloigné de ces spéculations beaucoup de cercles, encore peu nombreux et peu fortunés.

Ils n'ont conservé que le 110 mètres, le 200 mètres, lui-même peu souvent disputé, et le 400 mètres, qui n'est pas beaucoup moins rare.

*110 mètres haies*. — Pour le 110 mètres, peu ou pas de difficultés : une ligne droite de 110 mètres, avec un léger dégagement aux deux extrémités, d'une vingtaine de mètres, 150 mètres en tout; de 9 mètres en 9 mètres, une haie (10 au total) ou plutôt dix barrières très simplement construites en bois léger et mesurant 1$^m$,06 de hauteur; 15 mètres de terrain plat au départ, 14 mètres de la dernière haie au poteau d'arrivée.

Le 110 mètres haies est une des plus attrayantes épreuves de tout notre système de courses. Comme le 100 mètres de la course de vitesse, il a ses spécialistes; car, en outre de la vitesse à acquérir et du départ à savoir prendre, il faut être bon et même excellent sauteur.

De prime abord, sauter une barrière de 1$^m$,06 n'est rien; mais il y en a dix, et, entre chacune d'elles, pour se recevoir et reprendre l'élan nécessaire, 9 mètres seulement de terrain; si l'on pense maintenant que le record du monde a été obtenu par une course de 15 secondes, et que nos coureurs arrivent à n'employer que 15 à 17 secondes, on se dira qu'il y a là quelque chose d'inconnu aux profanes.

Il ne faut devant la haie à sauter, ni ralentir sa vitesse, ni raccourcir sa foulée, ni donner un effort violent, après quoi l'on retomberait lourdement, sans pouvoir retrouver son train, et l'on serait obligé de renoncer.

Ce qu'il faut faire, c'est tout le contraire : conserver, pendant et après la haie, son allure du début, l'aborder d'une façon mathématique, la sauter avec souplesse, sans secousse, presque nonchalamment, la raser de manière que l'effort soit moins grand et qu'il ne se perde pas, en l'air, une seconde (*fig*. 4, 5 et 6); retomber de telle façon que l'allure ne subisse aucune modération, franchir en *trois* pas les 9 mètres qui séparent la première haie de la seconde, et recommencer huit fois de suite.

Si, par tous ces moyens, vous gagnez votre 110 mètres

en 16 secondes 4/5, voire en 17 secondes, vous serez un spécialiste.

Mais vous ne le deviendrez qu'après un entraînement long, assidu, méticuleux et tenace. Vous aurez à vous assimiler : 1° la manière d'aborder l'obstacle; 2° la façon de le sauter; 3° le meilleur moyen de le passer; 4° la sûreté du pied qui reprend contact avec le sol; 5° l'obligation de ne pas reprendre d'élan, car le même élan doit vous conduire de bout en bout; 6° la faculté de conserver l'élan initial; 7° la volonté d'un même effort en dix détentes.

C'est à tout cela qu'aboutit un entraînement raisonné.

Pour acquérir la vitesse, le principe de la progressivité reste en tous points le meilleur, avec quelques poussées de vitesse sur 30 ou 40 mètres, puis 60 ou 80 mètres, et enfin 200 à 300 mètres à grande allure.

Pour se donner de la souplesse, on sautera de petites haies, des obstacles peu élevés, en étudiant l'enjambement; au bout de quelque temps, on franchira une haie de 1ᵐ,06, en cherchant l'aisance du saut, puis deux haies à la distance réglementaire et sans oublier les trois pas. De deux haies, l'on passera à quatre haies, toujours avec le même soin, au moment du passage de l'obstacle; lorsque les quatre haies ne seront plus qu'un jeu, on fera par jour trois ou quatre courses de six haies, mais sans aller jusqu'à l'effort et à l'épuisement.

Pendant cette période d'étude, ne jamais couvrir les 110 mètres en entier, sauf une fois ou deux, en priant un camarade de tenir le chronomètre, afin de régler son temps.

Pour passer la haie avec souplesse et rapidité, sans effort, en donnant même l'illusion qu'il n'y a pas de haie, il faut simplement enjamber, sans sauter. La foulée doit être un peu plus haute que les précédentes, sans cesser d'être aussi longue ; on ne saute pas, on passe ; le pied qui passe le premier est à peine plus éloigné du sol qu'auparavant; il le retrouve tout de suite, tandis que la seconde jambe glisse sur la haie (*fig.* 6). Il n'y a plus cette obligation de s'enlever qui perd du temps et du souffle.

Et voyez comme deviennent aisés les trois pas obligatoires entre chaque haie. La vitesse ne s'interrompant pas, ces trois pas, souvent pierre d'achoppement, n'offrent plus de difficulté. On n'a même plus à craindre une perte d'équilibre, fréquente, au moment où l'on se reçoit, la haie passée.

L'habitude de passer la haie, tout contre et sans la toucher, mais en quelque sorte en la rasant, s'acquiert rapidement.

*200 mètres haies.* — Le 200 mètres haies comporte dix haies de 0^m,90 de hauteur, mais espacées de 15 en 15 mètres; il reste, au départ, 35 mètres de terrain plat et 30 mètres à l'arrivée.

*400 mètres haies.* — Le 400 mètres a plus de vogue auprès des coureurs que la distance précédente. Cependant, il est loin de jouir de la faveur qui entoure le 110 mètres. Tous les terrains ne se prêtent pas à son aménagement; la difficulté des haies s'ajoute à la dureté de la course, et il ne convient guère qu'à des athlètes d'une remarquable résistance physique.

Le 400 mètres haies, comme les autres courses de haies, comporte dix obstacles, séparés les uns des autres par 35 mètres de terrain plat, avec 45 mètres au départ et 40 à l'arrivée.

Le coureur doit, pendant la première semaine de son entraînement, s'exercer sur 500 mètres, en terrain plat, en allongeant progressivement son allure; en ce qui concerne les haies et le saut, nous nous en tenons aux conseils donnés pour le 110 mètres.


## LE STEEPLE-CHASE

La distance que l'on fixe ordinairement aux steeple-chases varie de 2 000 à 4 000 mètres. Ces courses se disputent sur un terrain spécialement aménagé et agrémenté d'obstacles, empruntés aux pistes hippiques, haies, brook, mur, etc.

Ces obstacles sont placés, suivant la longueur adoptée, à 80 et 120 mètres l'un de l'autre, et l'on réserve, à l'arrivée, une ligne droite d'au moins 70 mètres de longueur. Les haies de steeple-chase sont hautes de 0^m,90, ainsi que le mur; pour le brook ou rivière, il va jusqu'à 2^m,50 de largeur, ce qui, avec la petite haie disposée en avant, donne un saut d'environ 3 mètres.

Le steeple-chase est une épreuve très rude; les bons steeple-chasers sont rares, prétend-on, même parmi les bons sauteurs de haies. C'est, à notre avis, une erreur qui ne doit pas résister à la réflexion. Tout coureur de quelque fond peut, en apprenant à sauter correctement, pratiquer la course d'obstacles, et la pratiquer avec succès, car la concurrence y est beaucoup moins ardente qu'en toutes autres courses.

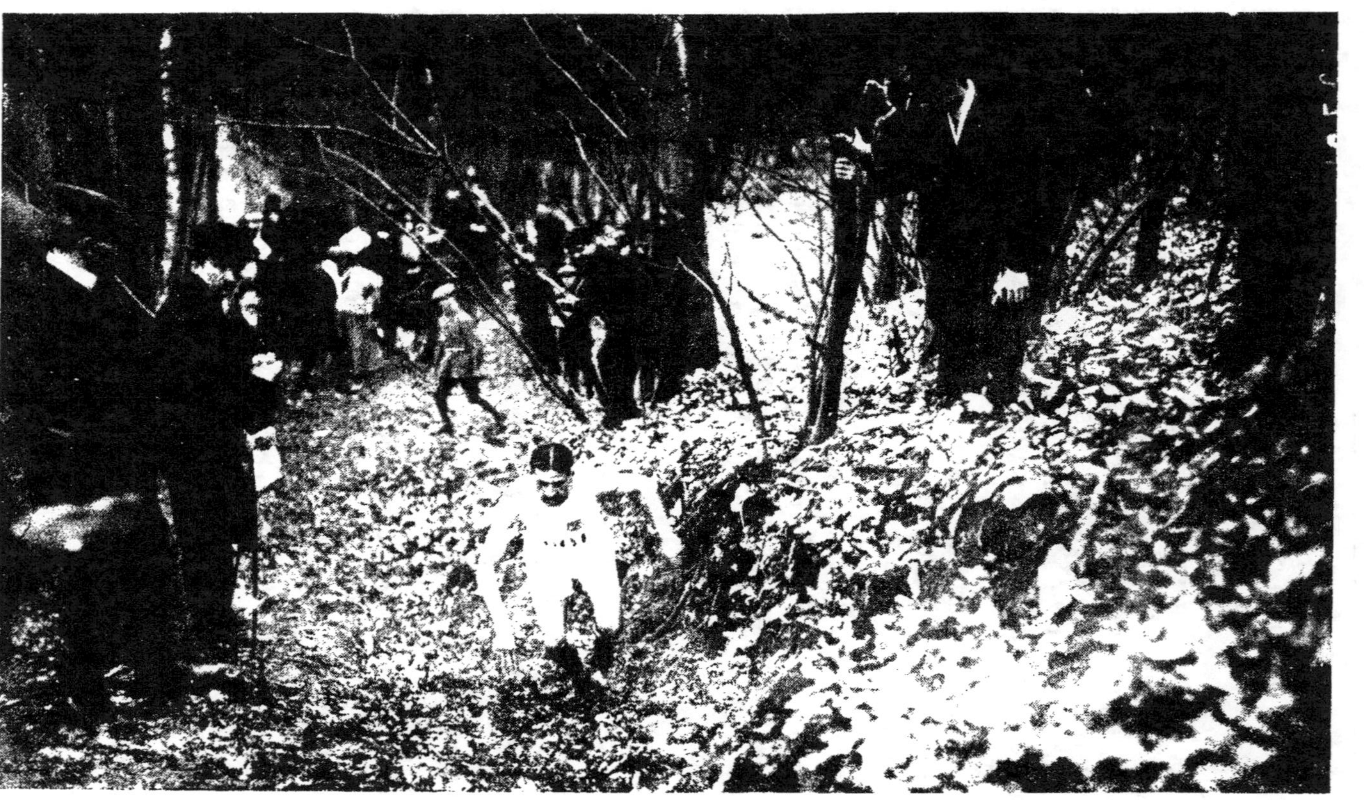

FIG. 3. — UN CROSS-COUNTRY.

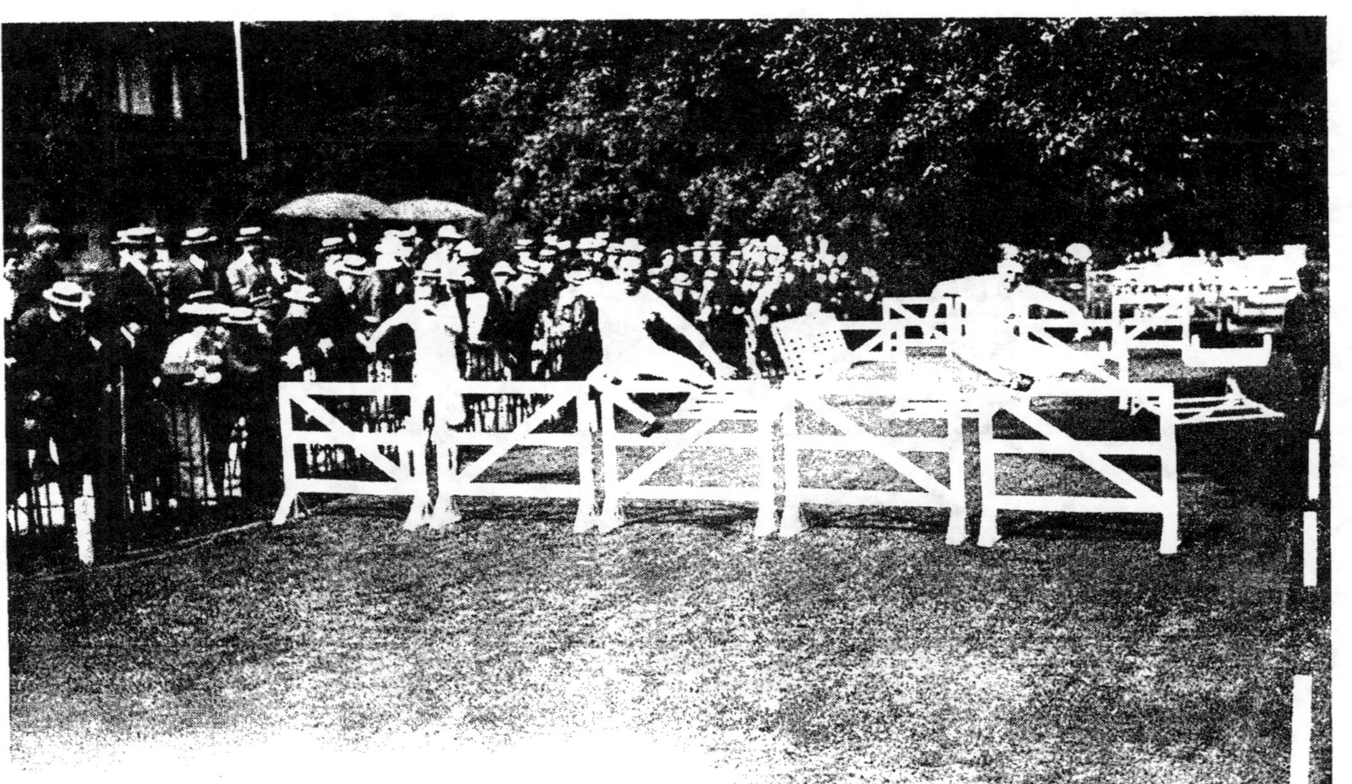

FIG. — LE SAUT DES HAIES DANS UNE COURSE DE 110 MÈTRES.

Il faut sauter avec souplesse, sans secousse, raser la haie avec la jambe gauche complètement repliée.

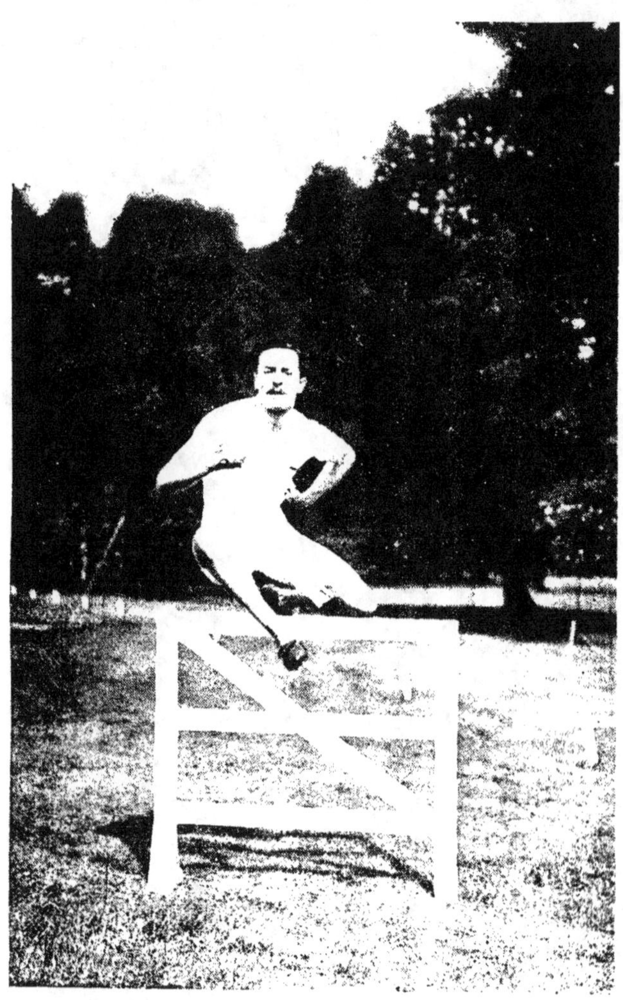

FIG. 5. — PREMIÈRE PHASE DU SAUT.

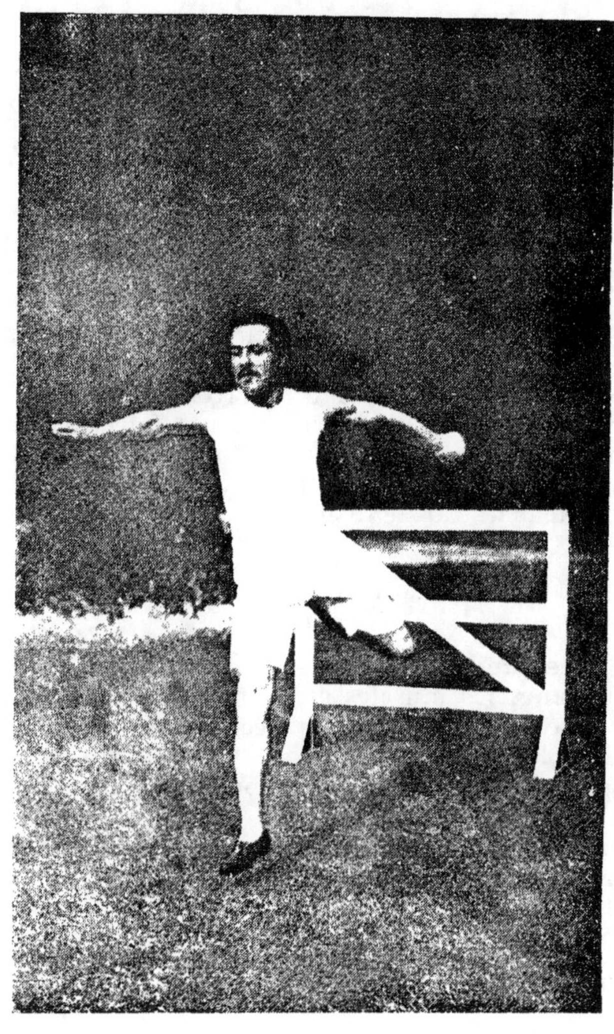

DERNIÈRE PHASE DU SAUT

## LES COURSES SUR ROUTE

Depuis l'acclimatation de la course du soldat de Marathon, les courses sur route ont rencontré une vogue que l'on a quelque peine à s'expliquer. A part quelques exceptions, qui se doivent de confirmer la règle, les courses sur route ne présentent par elles-mêmes qu'un intérêt sportif des plus relatifs, et cela en raison même de leur vogue.

*Entraînement.* — Quoi qu'il en soit, il est des coureurs que tente la route. Il vaut donc encore mieux qu'ils aient quelques notions de l'entraînement nécessaire et très peu compliqué.

Un seul but à atteindre, l'endurance. Aussi faut-il une longue préparation, aussi éloignée que possible de la date de la course; gradation sage; arriver peu à peu à couvrir en une seule traite la distance entière ; faire, entre temps, de la marche, 7 ou 8 kilomètres à l'heure, pas plus, en souplesse, autant que le permettra le sol. Supprimer le tabac et naturellement s'abstenir d'alcool.

## LA MARCHE

**Qu'est-ce que la marche ?** — La marche met en mouvement le sang, les muscles et les membres inférieurs. Elle entretient et rétablit, au besoin, l'équilibre du cerveau. Enfin, elle éveille la bonne humeur.

Nos ancêtres, dans leur simple bon sens, disaient : « Marchez et vous vivrez longtemps... » ou bien : « Quand vous ne pourrez plus marcher, vous serez près de la caducité, et, alors, gare à la camarde !... »

En effet, l'usage du moyen de locomotion que l'homme tient de la nature est, de tous les exercices, le plus salutaire et c'est celui que l'âge atteint le moins. Si l'on pratique seulement pendant quinze ans les sports athlétiques, on marche toute sa vie.

**Méthode française.** — C'est faute de la compréhension de la nature même de la marche que, après quelques années de tentatives, qui tournèrent rapidement au grotesque, la marche a simplement, mais forcément, disparu de nos programmes sportifs, où, d'ailleurs, elle n'avait que faire.

Il n'est pour ainsi dire pas de sport de plein air où l'on ne recommande, comme le meilleur entraînement, des marches préalables, qu'il s'agisse de course à pied, de saut, de cross-country ou de football. L'activité générale qu'imprime la marche à toutes les parties du corps est, en effet, le meilleur des fortifiants et prépare admirablement bien les muscles aux efforts violents.

*Comment il faut marcher.* — D'après le principe de la marche exposé ci-dessus, on doit, en marche accélérée comme en marche lente, poser d'abord le talon du pied qui s'est porté en avant, ne quitter le sol de la jambe arrière que lorsque le pied d'avant est à plat, ne plier, légèrement, la jambe arrière que pendant son mouvement d'arrière en avant. Le torse doit rester droit ; se pencher en avant, c'est risquer de perdre l'équilibre ou s'exposer à sauter bientôt d'un pied sur l'autre, c'est-à-dire à courir. Laisser aux bras leur mouvement naturel, tant que la marche est lente ou peu accélérée.

D'ailleurs, à marcher vite, on s'aperçoit tout de suite que les bras paraissent suivre le mouvement plus rapide des jambes, en augmentant la longueur de leur déplacement. Ils semblent même commander l'accélération des jambes, car plus leur balancement est fort, plus la marche est rapide.

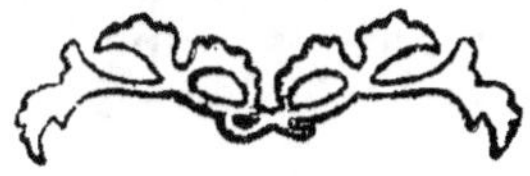

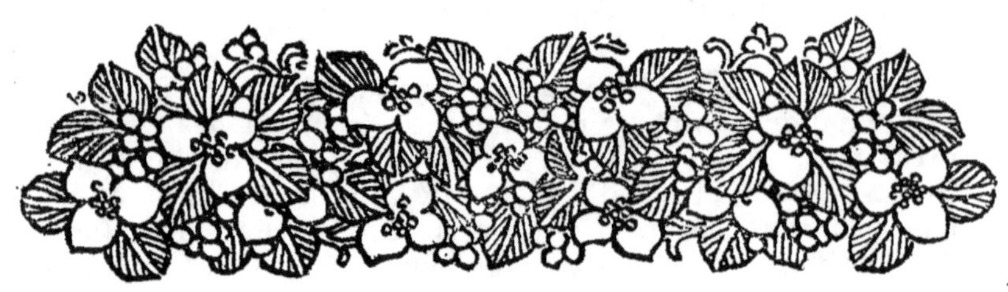

# LE SAUT

On définit le saut : le déplacement dans l'espace du corps de l'athlète, projeté par la brusque extension des muscles des jambes.

En athlétisme, on distingue cinq sortes de saut : 1° le *saut en longueur avec élan ;* 2° le *saut en longueur sans élan ;* 3° le *saut en hauteur avec élan ;* 4° le *saut en hauteur sans élan ;* 5° le *saut à la perche en hauteur.*

Il existe aussi un saut à la perche *en largeur.* Mais il n'a pas été jugé digne de figurer parmi les concours athlétiques organisés par l'U. S. F. S. A. C'est un tort ; une petite rivière sans pont peut tout aussi bien se présenter qu'un mur sans porte et la science du maniement de la perche ne serait pas moins utile dans le premier cas que dans le second.

On peut également signaler une tentative, justement avortée d'ailleurs, d'introduire en France le *triple saut* des Anglais, mais pour ajouter qu'il n'apporte aucun secours au développement athlétique.

## SAUT EN LONGUEUR AVEC ÉLAN

Le saut en longueur consiste à franchir, après un élan de quelques mètres et une battue, la plus grande distance possible. C'est, comme la marche et la course, un exercice naturel à l'homme. Quel est l'homme qui n'a jamais sauté un fossé ou un ruisseau ? On apprend à sauter plus loin que l'on ne sauterait sans entraînement, mais l'on saute naturellement.

*La pratique.* — Pour sauter avec précision, il est des

points que l'on doit examiner de près. Le plus important de ces points, c'est de ne pas dépasser l'endroit exact où se doit poser, pour la dernière fois, le pied, avant l'envolée.

Cet endroit, dans un championnat, sur un terrain préparé, est indiqué par une latte de bois, qui se détache en clair sur le sol environnant. C'est exactement à 1 ou 2 centimètres en avant de cette latte que se doit faire la battue.

Si on « mord », c'est-à-dire si le pied dépasse la latte, le règlement donne au juge arbitre un droit de déclassement ; si la battue se fait trop en avant de la latte, le saut est mauvais. Mais cela, ce n'est qu'un règlement.

La présence de ce morceau de bois clair a un but de tout autre importance que la sanction d'un article de loi. Elle habitue le sauteur à faire, dans un endroit déterminé, l'appel du pied qui termine l'élan. En effet, si, pour sauter un fossé, un large ruisseau, une petite rivière, vous posez le pied un peu trop en avant du bord, vous risquez de tomber dans l'eau ; si vous faites votre battue un peu au delà, vous y tombez sûrement.

Le meilleur terrain de saut est une allée non sablée, au sol ferme. Cette allée se termine par un rectangle de sable bien meuble et soigneusement ratissé, un peu en contre-bas de l'allée, de 4 ou 5 centimètres.

L'élan doit se prendre en vitesse, par une course d'une vingtaine de mètres (*fig.* 1), distance que l'on a soin de couvrir, plusieurs fois chaque jour, en rapides poussées. Si le sauteur adopte cette distance comme nécessaire à sa mise en action, il devra la repérer exactement, car un ou deux pas de plus lui causeraient ce mécompte épuisant d'arriver sur le mauvais pied à l'extrémité de la piste. En comptant le nombre de ses pas, il sera à l'abri de toute déception de ce genre.

D'aucuns pensent que la battue doit se faire des deux pieds. Nous ne partageons pas cet avis. C'est, en effet, risquer, au dernier moment, un temps d'arrêt, une interruption, si légère soit-elle, de l'élan ; tandis qu'en faisant sa battue d'un seul pied, la seconde jambe qui ne touche pas le sol et qui, dans son dernier pas, a contribué à l'élan, diminue le poids du corps et l'aide à s'enlever ; mais nous admettons que ce dernier pas doit précéder immédiatement la battue, presque sans intervalle.

*L'entraînement.* — Six à huit essais par jour dans la première semaine, une dizaine ensuite. Rester au-dessous de sa capacité ; ne sauter que 5 mètres, 6 mètres au plus et n'augmenter ces distances que dans les derniers essais, ayant, au moment de la battue, le soin de se ramasser le plus possible. Ainsi, l'on présente à la résistance de l'air une moindre surface.

Il faut tomber sur la pointe des pieds, afin de diminuer la secousse et l'ébranlement qui, malgré le sol meuble, en est souvent la conséquence, surtout si les talons arrivaient les premiers à terre.

Toutes les précautions hygiéniques d'usage, douche, friction, massage, sont à recommander.

## SAUT EN LONGUEUR SANS ÉLAN

Le saut en longueur sans élan a cet avantage de n'exiger aucun développement de terrain, aucun endroit spécial ; on peut sauter partout sans élan, dans un jardin, sur une route, dans un champ.

*Pratique.* — Si l'on se trouve en campagne et que l'on rencontre un ruisseau, alors que, derrière soi, le terrain monte, comment passer ? Le ruisseau a 2 mètres, 2$^m$,50 ; on retrousse son pantalon, on joint les deux pieds, on donne une souple flexion aux genoux, remuant en même temps les bras en avant et... l'on saute.

Mais si le ruisseau a 3 mètres ?... Il faut de l'entraînement, des muscles exercés, savoir s'enlever et se recevoir (*fig. 2*).

*Entraînement.* — Facile à pratiquer, cet entraînement. Sauter à la corde un quart d'heure par jour, les pieds réunis d'abord, puis en marchant, voilà pour les jambes ; pratiquer chaque jour des exercices d'haltères légers, voilà pour les bras, qui ont leur rôle dans l'impulsion du corps. Avec cette méthode, l'élasticité des jarrets arrive vite.

## SAUT EN HAUTEUR AVEC ÉLAN

Comme son frère jumeau le saut en longueur, le saut en hauteur provient d'une impulsion donnée par la détente des membres inférieurs. Seulement, cette impulsion est verticale au lieu d'être horizontale. Ce sont les muscles fléchisseurs du pied, de la jambe et de la cuisse qui permettent cette détente, en déplaçant le centre de gravité du corps.

Dès que cesse leur effort, les extenseurs, violemment contractés, redressent les articulations fléchies et déterminent une force de projection qui détache le corps du sol.

*Pratique.* — Il y a deux manières de sauter en hauteur : la manière française et la manière importée par les Anglo-Saxons.

La première consiste à franchir la barre de face, le corps et les jambes passant droit au-dessus de l'obstacle ; la seconde n'est qu'un enjambement tortueux, dont la valeur athlétique reste contestable.

Nous préférons, dans le saut français, l'attitude de l'homme qui, bien planté sur ses jarrets, face à la barre, calcule d'un coup d'œil l'effort prochain, s'élève soudain, puis, ramenant ses genoux à la hauteur du menton, passe *avec les pieds* et retombe souple, léger, de l'autre côté.

Voilà le vrai saut. Plus difficile, il est vrai, mais combien plus esthétique et combien plus athlétique !

Tandis que cette façon d'enjambement, qui consiste à effleurer la barre de l'extrémité sud du fondement — quelquefois des épaules — ces jambes qui, l'une après l'autre, dans un gigotement rapide d'araignée grimpant à son fil, ont préalablement franchi l'obstacle, ce saut ne satisfait ni notre besoin de beau, ni notre désir d'applaudir le résultat mérité d'un effort et d'un acte de volonté (*fig.* 3).

Et, pour corser l'aventure, à force de chercher pour toutes les parties de son corps l'horizontalité parallèle à la barre, le sauteur n'a plus ensuite le temps de se redresser et tombe, pile ou face, tantôt sur le dos, tantôt sur le ventre, heureux quand ce n'est pas le nez qui se fiche dans le sable.

Si ce saut ne prouve qu'une valeur athlétique restreinte, il faut convenir qu'il jette de la poudre aux yeux et que, à l'avis de beaucoup, l'homme qui saute à l'américaine 1$^m$,91 est par cela seul supérieur à celui qui ne franchit, à la française, que 175 pauvres centimètres.

*L'entraînement.* — Il faut environ trois semaines d'entraînement pour se sentir en bonne forme. Exercices réguliers et quotidiens de saut à la corde et d'haltères ; bien calculer, dans les essais, la distance nécessaire à adopter pour la battue ; là, comme pour le saut en longueur, ne la prendre ni trop loin ni trop près. Quant à la désignation exacte de cette distance : moitié de la hauteur à sauter, disent les uns ; les deux tiers, affirment les autres. Laissons au sauteur le soin de la fixer lui-même.

## SAUT EN HAUTEUR SANS ÉLAN

*Pratique.* — Dans le saut en hauteur sans élan, les méthodes sont les mêmes, face à la barre ou enjambement à l'américaine (*fig.* 4).

Jusqu'à ces dernières années, le saut sans élan ne rencontrait aucune faveur auprès de nos athlètes, qui, sans doute, imbus de vigueur musculaire et de puissants efforts, dédaignaient cet exercice sans apparat.

On ne rencontre pas souvent, en effet, un obstacle que l'on ne puisse sauter que sans élan ; les haies, les clôtures de chasse, en pleine campagne, permettent le recul nécessaire à l'élan.

## SAUT A LA PERCHE

*Pratique.* — Le saut à la perche en hauteur est certainement l'un des exercices les plus salutaires et les plus complets, en ce sens qu'il met en mouvement tout le système musculaire des jambes, pour prendre l'élan et se détacher du sol ; des bras, pour s'enlever au-dessus de la barre ; du dos, du ventre et des reins, pour la franchir et retomber avec souplesse, quelquefois d'une hauteur de 3 ou 4 mètres.

Le sang-froid et la volonté ont aussi un rôle prédominant ; le sang-froid et la possession de soi, quand, au-dessus d'un vide dont beaucoup seraient impressionnés, il faut ne perdre de vue ni la continuité nécessaire de l'effort, ni la précision de la manœuvre ; la volonté, pour vaincre les difficultés ardues du début. Pourquoi est-ce un des moins utiles et des plus rarement applicables de tous les sauts ?

*Le matériel.* — Sur un terrain horizontal et ferme, d'un côté très meuble, et bien ratissé de l'autre, deux poteaux à 3 mètres de distance, dont la partie supérieure sortant de la base, s'élève à la hauteur désirée ; une barre transversale épaisse de 2 centimètres, et posée sur le haut des poteaux, dont la largeur ne dépasse pas celle de la barre, afin que celle-ci puisse tomber au plus léger contact ; sur le sol, immédiatement devant la barre, un cube de bois, enfoncé à ras de terre, sur lequel vient se piquer la perche, voilà pour le matériel fixe.

Le matériel mobile est la perche. Elle est de frêne ou de bois de bambou. Elle mesure 4 mètres de hauteur et doit être entourée d'une bande de forte toile, qui assure sa solidité. Elle se termine à la base par une armature en fer à deux pointes.

*L'entraînement.* — Il est long, difficile, et souvent rebutant aux non-initiés.

Il faut, tout d'abord, apprendre à tenir la perche, à s'en servir. On la tient, les mains à 75 centimètres l'une de l'autre, la main droite — à moins que l'on ne soit gaucher — à 10 centimètres au-dessus de la hauteur à sauter, la gauche à hauteur de la barre. Calculer exactement son élan, de manière à aborder le plus tôt possible la barre; la perche fichée dans le butoir ou en terre, s'enlever le plus haut possible, à la force des bras, donner un coup de reins, en repoussant la perche en arrière, retomber légèrement sur le sol *(fig. 5)*.

Dix essais quotidiens, dans un laps de temps qui permette de se reposer entre chacun d'eux. Exercices d'assouplissement, flexion du corps en arrière. Et, pour avoir le plus de chances de retomber sur ses pieds, s'habituer, dès que la barre est franchie, à se retourner, afin d'éviter la chute sur le dos ou sur la tête.

**Divers.** — Les sauts en longueur, en hauteur et à la perche, tels que nous venons de les décrire, constituent en quelque sorte les sauts *officiels*, les sauts tels qu'ils ont été compris, adoptés, réglementés par l'*alma parens* des athlètes, l'Union des Sociétés Françaises de Sports Athlétiques.

Pourquoi ne s'est-elle inféodé que ces cinq espèces de sauts? Constatons, en effet, qu'il existe d'autres variétés de saut, dont l'utilité n'est pas niable. Elle est même, pour certains d'entre eux, supérieure aux spécimens auxquels nous sommes accoutumés.

L'U. S. F. S. A. devait ne pas oublier : 1° le saut en profondeur, 2° le saut vertical, 3° les sauts combinés, 4° le saut à la perche en *profondeur* et en *largeur*.

Le saut en profondeur, c'est le saut de haut en bas. Rare, je le veux bien. Toutefois, demandez aux coureurs de cross-country, qui se trouvent soudain sur le bord, non d'un fossé, qui se franchit, non d'un ravin, qui se descend, mais d'une dépression de terrain à pic de 2 mètres ou 2$^m$,50. La tourner, c'est perdre du temps; la sauter, c'est risquer une foulure de la cheville. Et ils s'arrachent les mains, les pieds, les genoux, qu'ils se mettent en sang, et ils ont perdu autant de

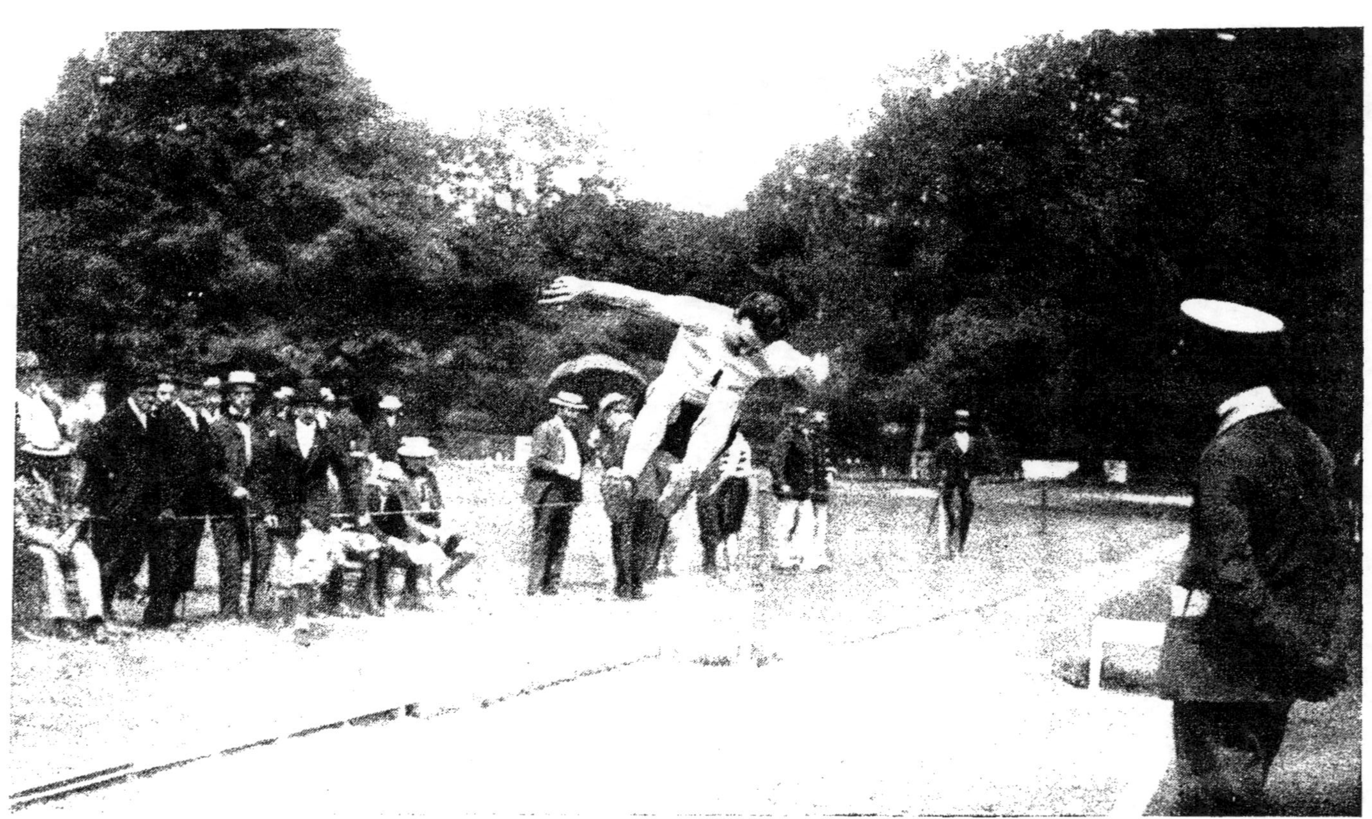

FIG. 1. — SAUT EN LONGUEUR AVEC ÉLAN.

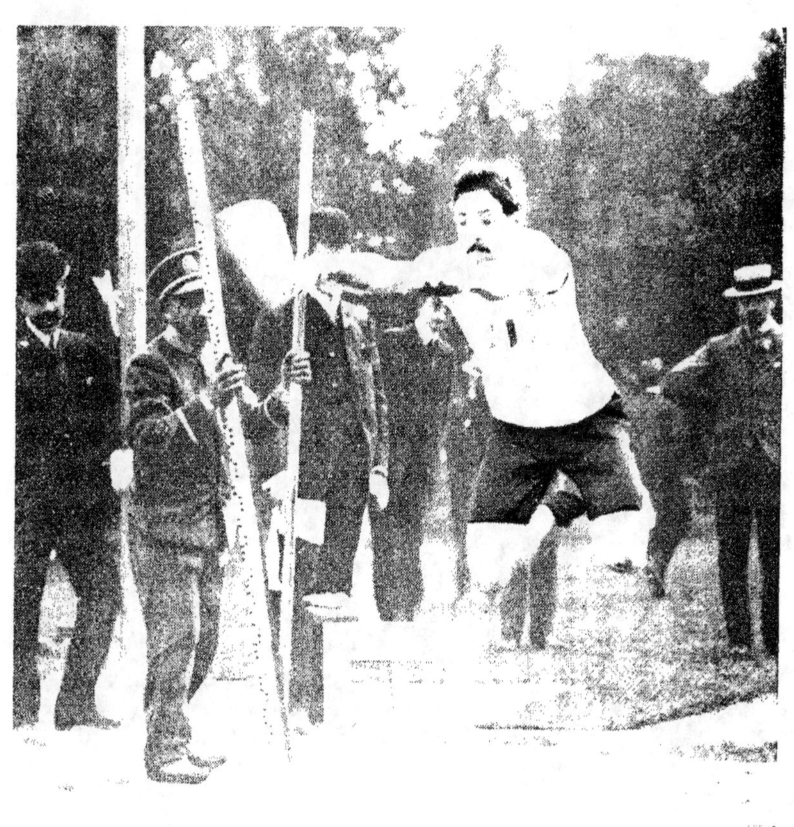

UN JONGLEUR SANS FIN

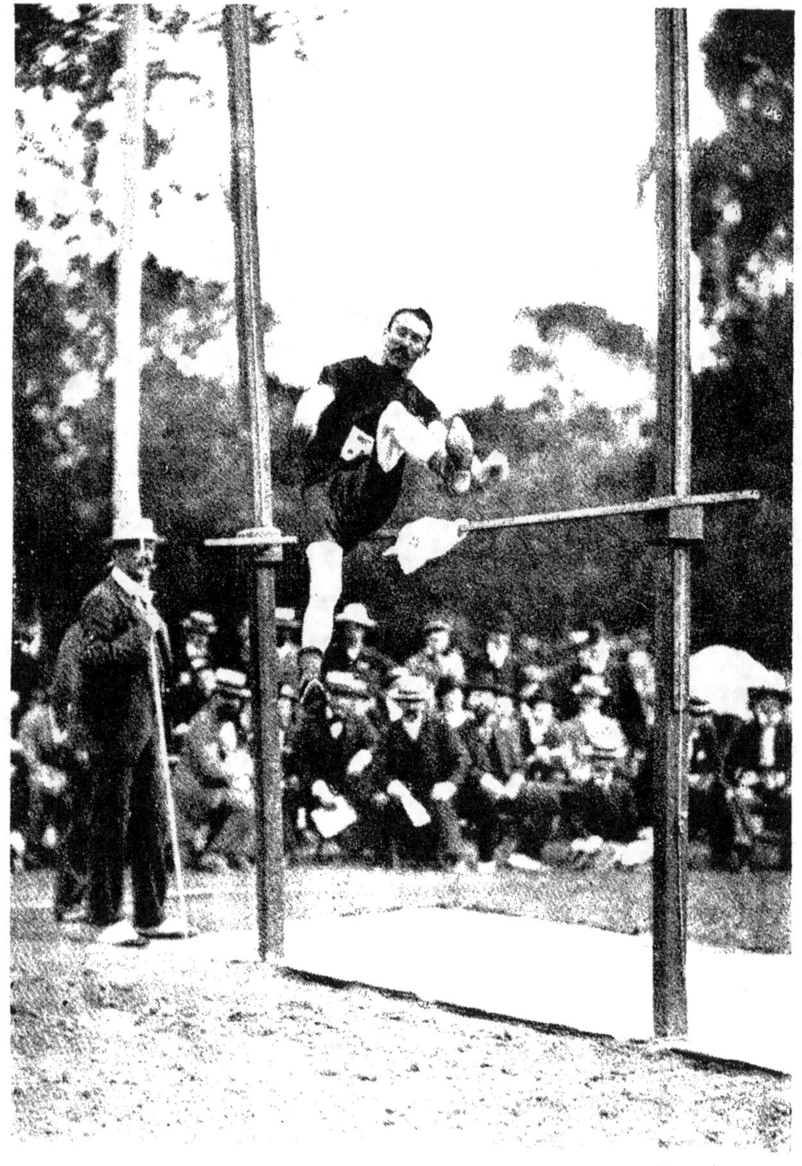

FIG. 3. — SAUT EN HAUTEUR AVEC ÉLAN

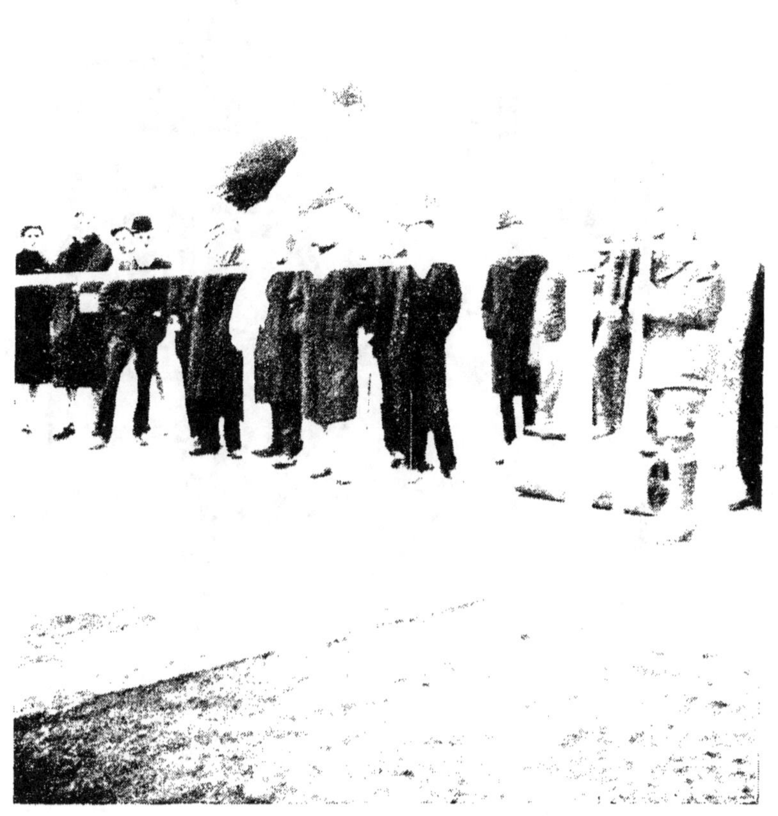

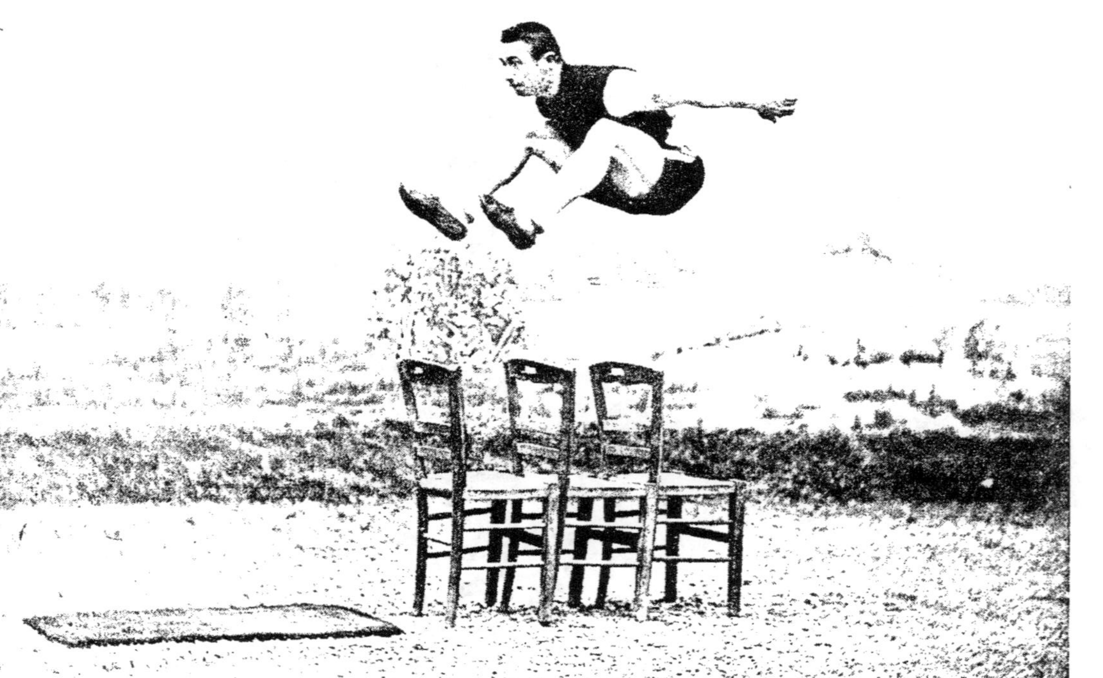

FIG. 5. — UNE FANTAISIE DE SAUTEUR.

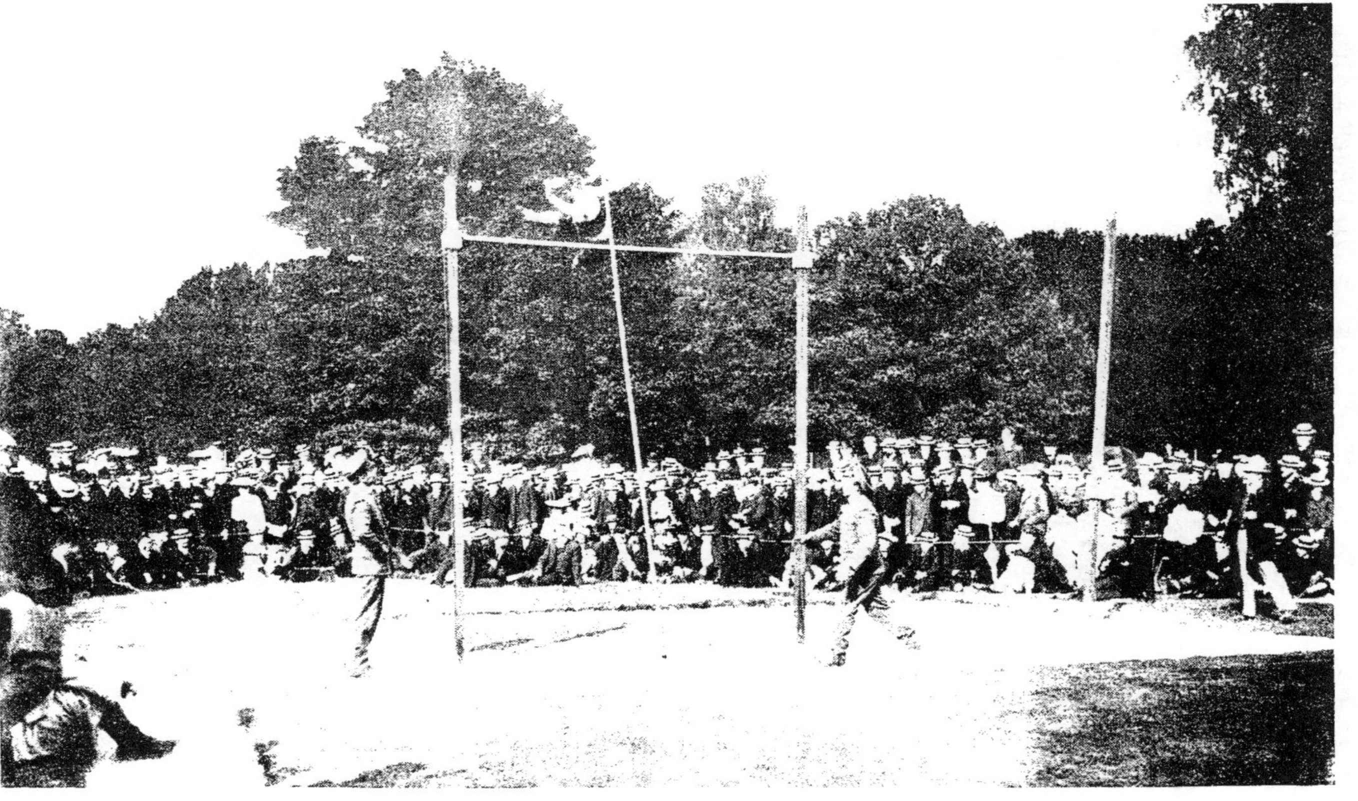

FIG. 6. — UN BEAU SAUT A LA PERCHE.

S'élever le plus haut possible, donner un coup de reins en repoussant la perche en arrière.

temps qu'à tourner l'obstacle. Évidemment, ils ne pouvaient avoir une perche dans leur poche, pour la circonstance ; mais il n'y a pas au monde que des coureurs de cross-country.

Mêmes conjonctures possibles pour le saut vertical de bas en haut.

Le saut combiné a son utilité, quand deux obstacles sont placés l'un devant l'autre, comme une haie et un fossé, et c'est dans ce cas que le saut en profondeur et le saut vertical trouvent surtout leur application, lorsqu'un roncier, une mare, se trouvent au pied d'un mur, d'où l'on veut sauter ou que l'on désire atteindre.

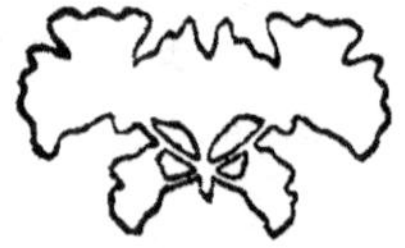

# LE LANCEMENT

## LANCEMENT DU POIDS

**Généralités.** — Le lancement du poids serait un exercice tout à fait excellent, s'il n'offrait l'inconvénient, voire le danger, si l'effort n'était aussi rapide, de ne faire travailler qu'un seul côté du corps.

À cela nous entendons la réponse. On est *unidextre*. Mais pourquoi est-on unidextre? Ici, pas de réponse. On est unidextre, aussi bien de la main gauche que de la main droite, parce que l'on a toujours favorisé, au détriment des points faibles de la carcasse humaine, ses plus brillantes qualités naturelles. Et, parmi ces points faibles, sans que l'on en puisse donner d'autre motif que l'habitude, figure au premier plan la mauvaise éducation du bras et de la jambe gauches, car la majorité des hommes est droitière.

*Le poids et la pratique.* — Le poids n'est autre chose qu'une boule en fonte, pesant 7 kil. 250, qu'il s'agit de lancer le plus loin possible.

Pour augmenter la difficulté, le lanceur doit se tenir, sans avoir le droit de le quitter, sur un terre-plein de 2 mètres de côté. Sur ce terre-plein il a, en revanche, la faculté d'exécuter tous les élans qui lui paraissent nécessaires.

La manière de lancer le boulet varie selon la construction physique des athlètes; cependant, ils se rallient presque tous à la suivante :

Le pied droit parallèle à la base du terre-plein, le pied gauche à angle droit et à 50 centimètres en avant; la jambe droite supportant le poids du corps et la pointe du pied gauche assurant l'équilibre; le poids, placé dans la main droite, maintenu par les doigts allongés; le bras tendu verticalement, sans raideur. Puis les genoux fléchissent, la main droite se ramène au niveau de l'épaule, le bras gauche se porte en avant, afin d'établir un contrepoids (*fig.* 1).

Dès que l'on se sent bien prêt, les jambes se redressent et projettent le corps en avant; un léger saut en avant; le bras droit se tend, dans un effort commun à l'épaule et au torse, et le boulet part, suivant une parabole pas trop élevée, car la hauteur nuit à la longueur de son trajet (*fig.* 2).

Il ne faut pas oublier que la détente du bras jette le corps en avant et qu'à ce moment on a toutes chances de mettre le pied hors du terre-plein.

Le meilleur entraînement consiste à n'employer, pendant quelque temps, que des poids moins lourds que le boulet, afin d'atteindre une exacte coordination des mouvements.

## LANCEMENT DU DISQUE

**Généralités.** — D'après ce qui a été dit précédemment, au sujet du lancement du poids et de l'emploi de la main gauche, on voit que le lancement du disque est un des meilleurs exercices athlétiques. Il présente même un avantage sur le lancement du poids : c'est l'esthétique, témoin la reproduction du fameux *Discobole* grec que nous connaissons tous.

Le disque était, en effet, un des passe-temps favoris des athlètes et du peuple grecs, bons appréciateurs de la force, de l'adresse et de la beauté du geste. C'est des Jeux Olympiques d'Athènes, en 1896, qui nous est venu ce bel exercice, complètement ignoré dans nos clubs. Il a produit, en France, quelques beaux athlètes.

*La pratique.* — La difficulté d'un beau lancer consiste, à la fois, dans la force musculaire et dans le tour de main, qui ne s'acquiert qu'après un long et sévère entraînement. Il faut, de plus, être de grande taille. L'homme qui ne mesure que 1^m,60, si adroit et bien musclé qu'il soit, n'atteindra jamais la puissance de projection de celui qui mesure près de 2 mètres.

De tout cela vient que le bénéfice athlétique recherché dans ce sport n'est pas proportionnel au temps et à l'intelligence dépensés.

Les difficultés du lancement du disque sont réelles. Les

plus aptes par nature ne réussissent pas sans quelque labeur préparatoire.

Une fois l'énorme lentille (0$^m$,22 de diamètre sur 0$^m$,04 d'épaisseur ; poids : 2 kilos) dans la main, écarter largement les doigts, le pouce à plat sur la petite convexité qu'offre l'objet. Bien entendu, la tranche du disque s'appuie sur les doigts qui se replient et la maintiennent, pendant que, dans le même but, la partie supérieure repose sur le poignet *fig. 3*.

Ceci en ordre, préparez le jet. Ici, trois temps. Premier temps : le pied droit en arrière, balancé du bras droit de haut en bas. Deuxième temps : double volte et arrêt brusque, vigoureux, du pied gauche, qui fait frein sur le bord du terre-plein, car tout cela se passe, comme pour le lancement du poids, sur un terre-plein carré de 2$^m$,50 de côté. Troisième temps : déploiement intensif du bras et évasion du disque *fig. 4*.

C'est bien simple, semble-t-il. Non. Car chaque mouvement dérange le disque dans la main qui se desserre, et, au lieu de partir à plat, il tombe à 10 mètres ou s'envole, guère plus loin, dans un mouvement fou et offrant à l'air sa meilleure résistance.

La vigueur n'intervient que dans le dernier geste ; tout le reste — presque l'essentiel — c'est de l'adresse. Toute défaillance de la main, des doigts ou de l'avant-bras provoque la déviation du disque. Une imprécision, même légère... tout est à refaire. L'important est de posséder le tour de main.

En fait, le lancement du disque est moins un effort des muscles qu'un effort de souplesse. L'homme souple réussira mieux que l'homme fort, mais, s'il joint la force à la souplesse, il lancera beaucoup plus loin.


## LANCEMENT DU JAVELOT

**Généralités.** — Les Jeux Olympiques d'Athènes, en 1906, nous valurent un essai d'acclimatation de l'arme nationale des Grecs et des Romains, le javelot. Mais, après quelques essais sur différents terrains, son maniement n'a pas semblé d'un intérêt suffisant à le faire figurer dans nos concours athlétiques, à côté du poids et du disque.

Un peu d'énergie eût sans doute suffi de la part des pouvoirs dirigeants.

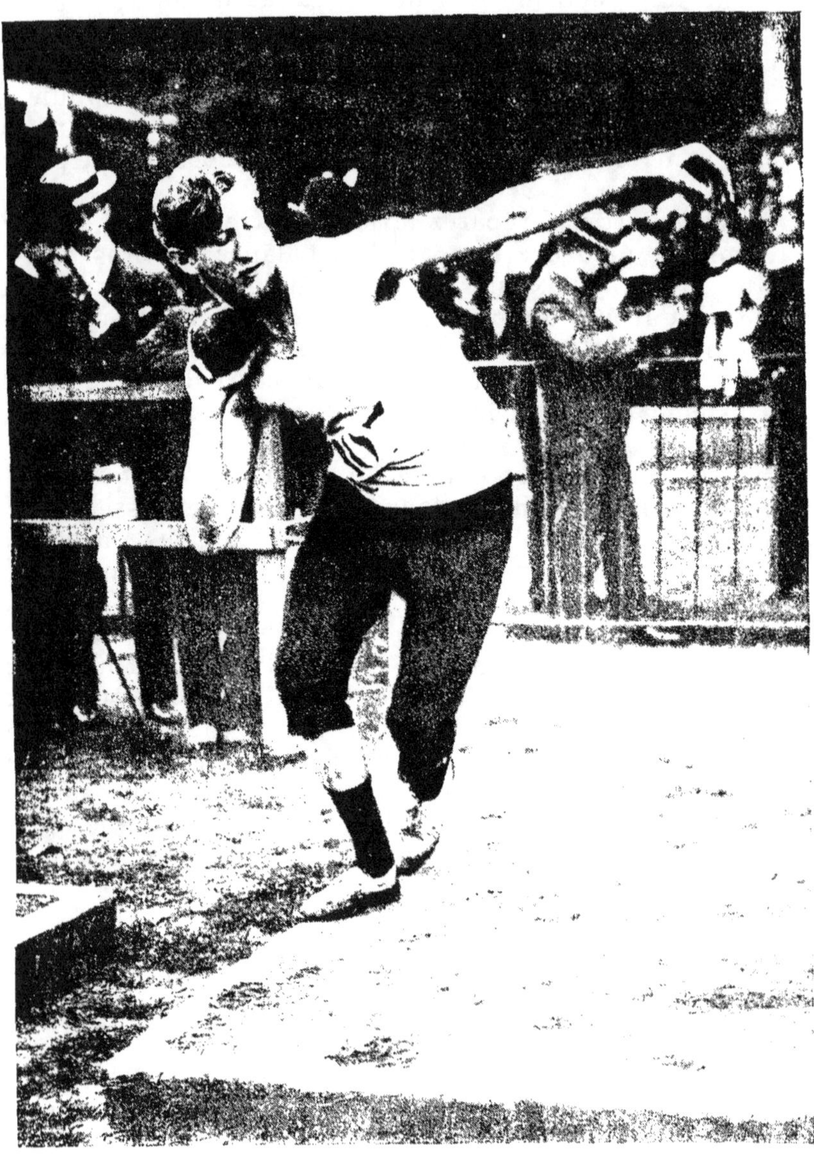

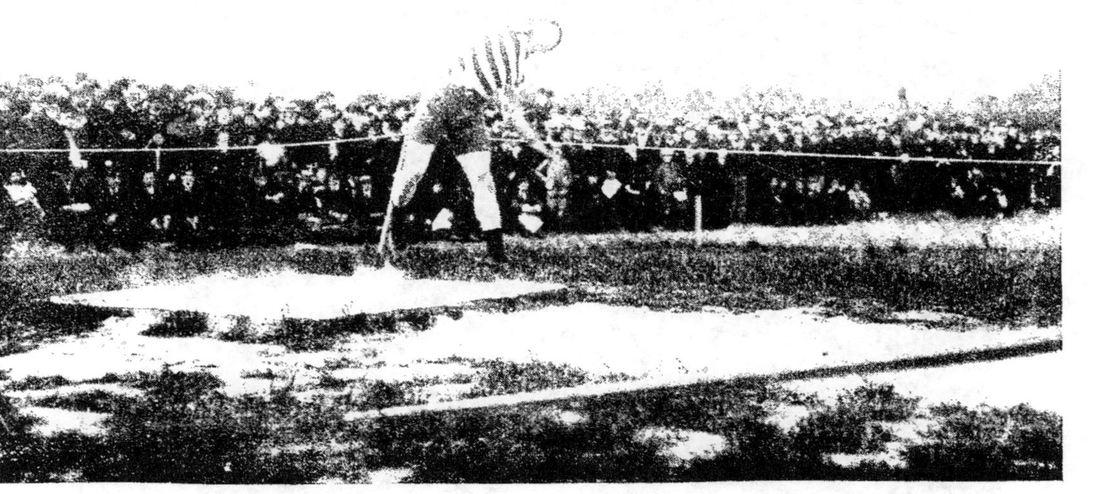

FIG. 2. — LANCEMENT DU POIDS. 2ᵉ PHASE.
L'athlète détend son bras dans un effort commun du torse et de l'épaule.

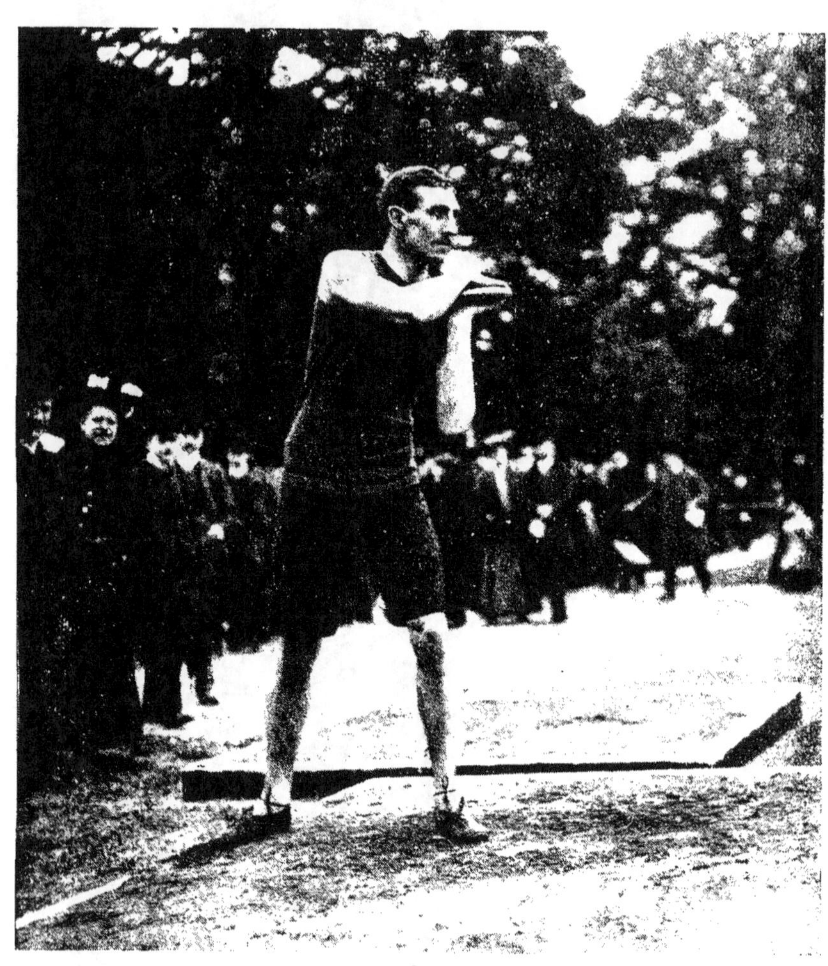

FIG. 3. — LANCEMENT DU DISQUE.

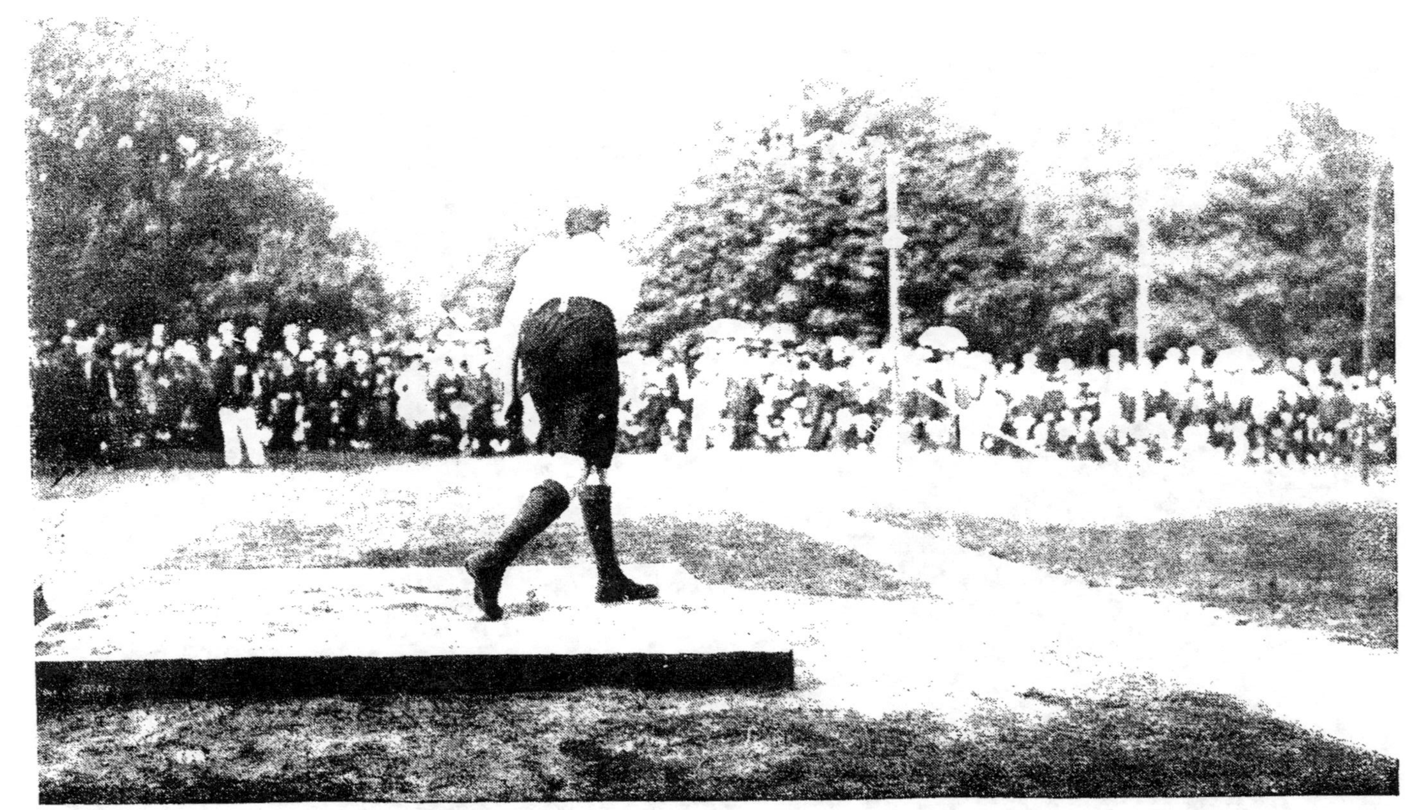

FIG. 4. — LANCEMENT DU DISQUE 2 PHASE.
Le disque vient d'être lancé.

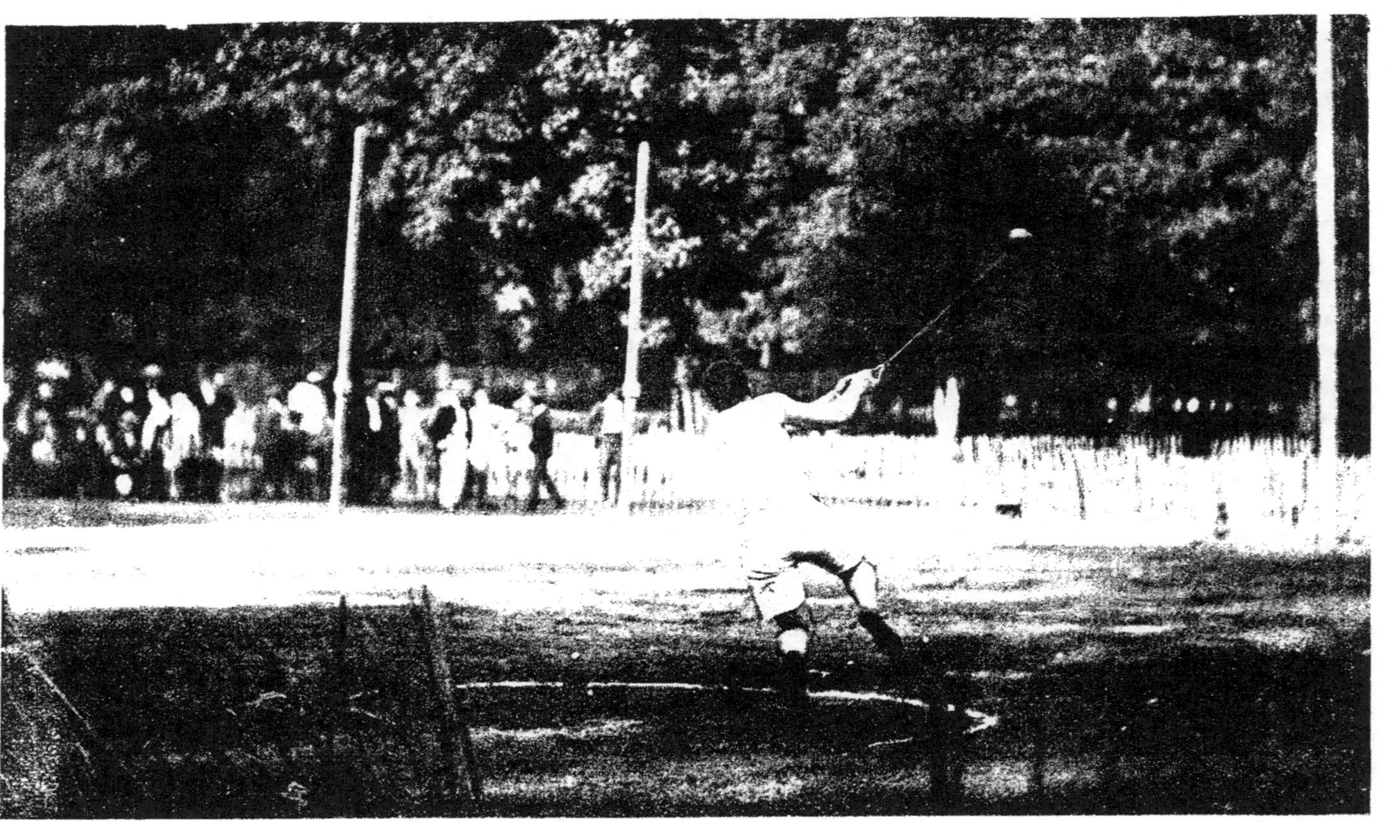

FIG. 5. — LANCEMENT DU MARTEAU.

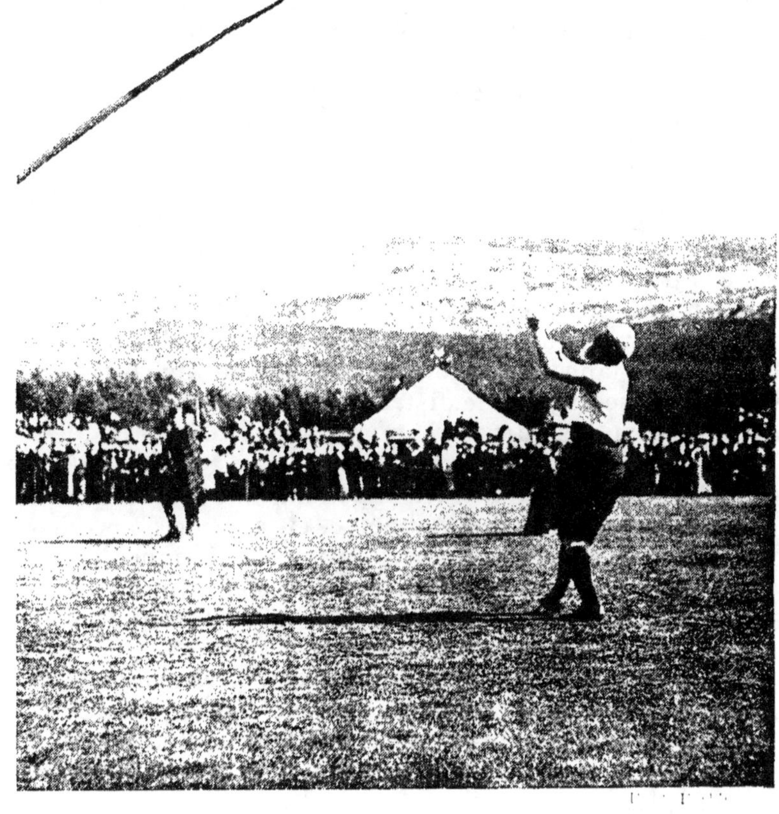

FIG. 6. — LANCEMENT DU CABER.

Le lancement du javelot n'est ni plus ni moins digne de dédain que le disque et le poids; son utilité pratique équivaut à celle du disque et du saut à la perche; mais, comme pour le discobole, le geste est beau et fait valoir la souplesse et l'élégance.

*Pratique.* — Le javelot est un bâton cylindrique ayant 2 centimètres de diamètre, $2^m,60$ de longueur et pesant 800 grammes. L'une des extrémités se termine par une pointe en forme de cône, qui assure la direction de la chute. A 1 mètre de cette pointe, une corde enroulée et très serrée facilite le jet.

On connaît trois façons de lancer le javelot : par le milieu, par le bout, et par-dessus la tête. La manière classique, la plus naturelle et la plus élégante, guère plus difficile à exécuter et en même temps la plus précise et la plus sûre, est la première.

Il faut saisir l'arme entre le pouce, qui s'allonge sur l'un des côtés, et les doigts bien étendus, le coude replié, puis s'élancer, courir une dizaine de mètres, le javelot formant avec le plan de l'épaule un angle d'environ 30 degrés. Un arrêt brusque sur le pied gauche; le bras, alors presque tendu en arrière, se lance avec force en avant, soulevant de terre la jambe droite, au point de pivoter sur le pied gauche; le javelot file, légèrement et dirigé en hauteur.

Il n'y a simplement, en somme, qu'à imiter le mouvement habituel de lancer avec force une balle ou une pierre assez lourdes, en se fixant une distance d'élan. Le geste du lanceur de javelot est absolument le même.

Toutefois, la souplesse nécessaire de poignet est difficile à acquérir, si l'on ne s'y exerce pendant de longues années, depuis la toute première jeunesse, et, comme nous laissons volontiers à l'écart les préoccupations artistiques, pour ne considérer que les résultats pratiques et rapides — championnats et records — l'on conçoit aisément que le javelot n'ait pas séduit notre jeunesse.

La seconde façon de lancer le javelot n'a aucune des qualités qui distinguent la première. Inélégante, lourde, sans précision, elle ne devrait même pas faire l'objet d'une mention. Cependant, elle a des partisans, qui la regardent comme plus aisée.

Le bout est appuyé contre la première phalange de l'index; le pouce et le *medius* maintiennent l'arme immobile; mais comme, en courant, il est impossible que le javelot conserve un équilibre aussi instable, il faut le soutenir du bout des doigts de la main gauche, jusqu'au moment où on le lâche. Alors, la main gauche rentre dans le rang et le javelot part, avec moins de force et surtout moins de précision.

La troisième manière vaut encore moins que la seconde; c'est le jet au-dessus de la tête, excellent sans doute comme hygiène, mais détestable en tant que résultat pratique ou esthétique.

*Entraînement.* — Est-il indispensable d'exposer une méthode d'entraînement pour un sport ou exercice aussi peu en faveur que le javelot? Un amateur se trouvera-t-il qui lise ces lignes et se sente soudain le désir de s'adonner à ce sport?

Supposons-le. Il commencera par jeter, même par lancer le javelot, uniquement à cette fin de coordonner les mouvements. Puis il prendra un léger élan, qu'il augmentera progressivement, au fur et à mesure qu'il acquerra des mouvements réflexes. Car tout le secret est là : lancer par mouvement réflexe. L'emploi de la force viendra plus tard.

## LANCEMENT DU MARTEAU

**Généralités.** — Le lancement du marteau — dénomination inexacte — est un sport très en faveur en Amérique, mais que cette faveur a jusqu'à présent attaché aux rives du Nouveau Monde, du moins en ce qui concerne la France; car les Anglais le pratiquent, tout en ne lui accordant qu'une valeur athlétique d'ordre inférieur.

Et, d'abord, ce n'est pas un marteau, dans le sens que nous donnons à ce mot, l'outil avec lequel on frappe. C'est un boulet, comme le poids, et pesant comme lui 7 kil. 250; un boulet qu'un fil de fer réunit à une poignée, le tout d'une longueur de 1ᵐ,20.

**Pratique.** — L'athlète, pour prendre son élan, n'a à sa disposition qu'un cercle d'un diamètre de 2ᵐ,20. Pour lancer cet engin, le lanceur lui imprime d'abord un mouvement circulaire, jusqu'à ce que le boulet arrive à la hauteur de son visage et, s'il juge l'élan suffisant, il lâche le tout *(fig. 5)*.

C'est un exercice qui a le défaut de trop spécialiser l'athlète; il n'y a guère, pour s'y adonner, que des hommes d'une vigueur musculaire exceptionnelle et capables de maintenir, à la vitesse acquise par quelques mouvements circulaires, un poids de plus de 7 kilos. Donc, valeur athlétique inférieure.

## LANCEMENT DU CABER

**Généralités.** — « Caber » est un mot anglais. Le sport est un sport écossais, strictement écossais, qui n'a jamais dépassé les monts Cheviots, et voici en quoi il consiste :

Une pièce de bois, le plus souvent un tronc de sapin, longue d'une quinzaine de mètres, est remise au lanceur. Il la soulève, en l'appuyant contre son épaule, la base soutenue dans ses deux mains croisées à la hauteur de la ceinture.

*Pratique.* — D'une détente des deux bras, il lui faut lancer le plus loin possible le tronc de sapin; mais, pour que le lancement soit déclaré bon, celui-ci doit culbuter, c'est-à-dire que l'extrémité supérieure touchera le sol la première, rejetant au delà l'extrémité inférieure (*fig. 6*).

Si le caber retombe en arrière ou en avant, sans avoir fait un tour sur lui-même, le coup est mauvais; il doit faire la culbute, la tête touchant le sol la première.

Mais il arrive que le poids du caber parfois dépasse la force musculaire des athlètes et que la culbute en devient irréalisable. N'est-ce que cela? Un charpentier vient scier un morceau et le caber, congrument rendu maniable, est remis de nouveau en jeu.

Nous ignorons à quelle époque peut remonter ce jeu imprévu. Probablement au temps où l'Ecosse était couverte de ces forêts qui ont causé le désespoir et la défaite de Jules César.

## LANCEMENT DE LA PIERRE

La « pierre » est un bloc ovoïde, pesant 6 kilogrammes, que l'on tient sur la main ouverte, renversée à hauteur de l'épaule, le coude plié. Pas de limite d'élan : 25, 30, 40 mètres.

Arrivé à la ligne inscrite sur le sol, dite *ligne de jet*, l'athlète projette la pierre par une simple extension du bras; le coude reste près du corps. Si, dans son élan, il dépasse la ligne, aucun article de loi ne le déclasse; le coup est bon, pourvu que la pierre aille le plus loin possible.

L'entraînement est nécessaire. Commencer par de petits élans et une pierre de poids inférieur à celui de la pierre *officielle;* augmenter les uns et l'autre, au fur et à mesure que le mouvement se régularise. Ici encore, c'est un mouvement réflexe qui doit détacher la pierre de la main.

Les Transvaaliens sont, paraît-il, très forts dans ce sport.

## LUTTE A LA CORDE

Il y a quelques années, se disputait, dans les réunions d'athlétisme, une épreuve dont le coefficient était peut-être moins élevé que celui des autres sports athlétiques, mais qui présentait cet avantage de jeter dans ces assemblées, parfois un peu longuettes, une lueur de bonne humeur et de gaieté qui leur fait bien souvent défaut.

Cette épreuve, c'est la lutte à la corde.

Deux équipes de solides gaillards, objets d'une minutieuse sélection, s'attelaient solidement à l'extrémité d'une longue corde, et chacune, sur un signal donné par l'arbitre, cherchait à attirer sa rivale jusqu'au delà d'un point fixé et était, en cas de réussite, proclamée victorieuse.

Cela durait cinq minutes, dix minutes, pour chaque épreuve. Nous avons vu jusqu'à cinq ou six épreuves successives. Cela tenait en joie le public, qui ne s'en trouvait que mieux disposé à se précipiter vers la piste de courses à pied pour applaudir le vainqueur du « 5 000 mètres ».

La lutte à la corde avait son code et ses championnats, mais son temps est passé.

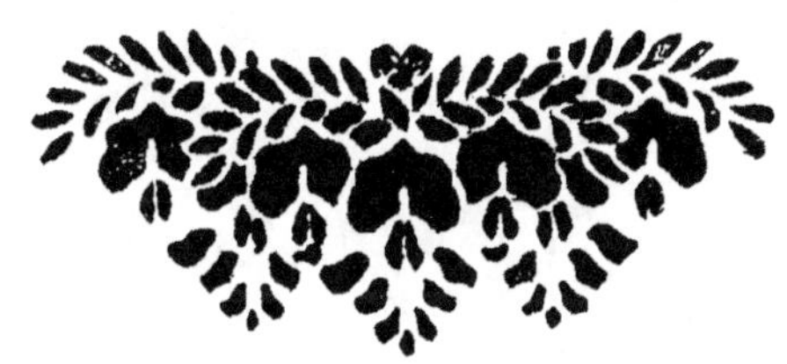

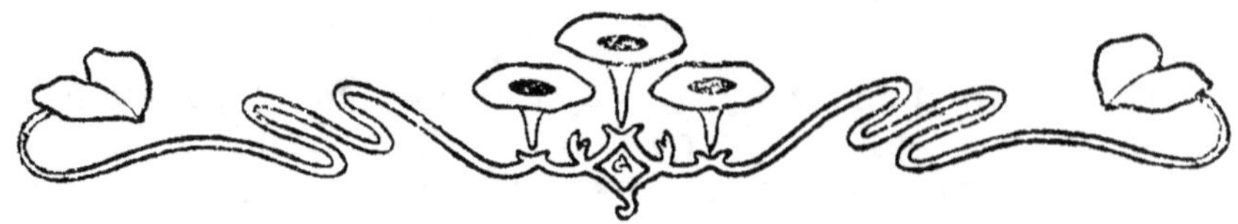

# TABLE DES MATIÈRES

## LE FOOTBALL

### RUGBY

# LA COURSE A PIED

# LE SAUT



# LE LANCEMENT



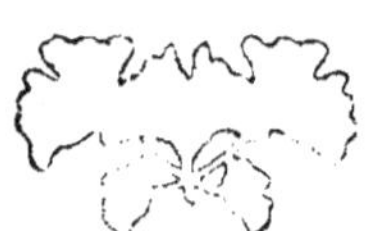

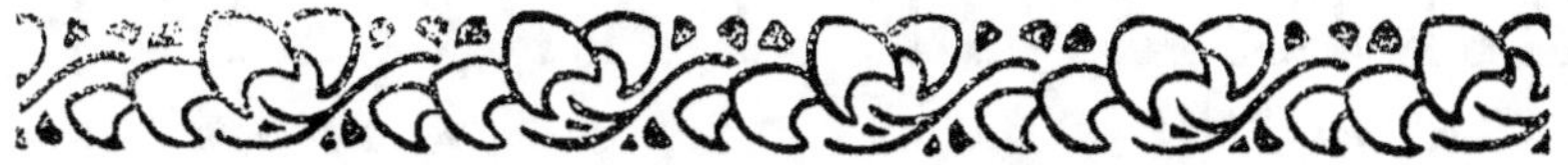

# TABLE DES HORS-TEXTE




Paris.     Imp. LAROUSSE. 17, rue Montparnasse.

# LIBRAIRIE LAROUSSE

*EXTRAIT DU CATALOGUE*

*13-17, rue Montparnasse, PARIS.*

## Dictionnaires Larousse

Les *Dictionnaires Larousse* ont eu, par leur documentation claire et pratique, toujours soucieuse des exigences de l'actualité, le rare privilège de légitimer la faveur de plus en plus grande dont ils jouissent si heureusement en France et à l'étranger. Sans doute, la cause de cette vogue réside notamment dans l'adaptation rationnelle et méthodique du vocabulaire aux formes et aux exigences variées de la vie, qu'il s'agisse de l'intellectuel ou simplement de l'homme de métier. Une autre raison de ce succès est la multiplicité des formats grâce auxquels les éditeurs ont pu se mettre à la portée de toutes les bourses et satisfaire à tous les besoins.

---

**D**ICTIONNAIRE ILLUSTRÉ DE LA LANGUE FRANÇAISE. Édition extraite du *Larousse Élémentaire illustré*, publié sous la direction de Claude et Paul AUGÉ. Ce petit dictionnaire de la langue française, allégé de la partie historique et géographique des autres dictionnaires manuels Larousse, convient particulièrement aux écoles, aux familles et aux étrangers. Un vol. de 956 pages (format 10,5×16,5) 1900 gravures, 37 tableaux encyclopédiques. Cartonné..... 3 francs
Relié toile .................................. 3 fr. 75
(Cet ouvrage est majoré temporairement de 20 %)

**L**AROUSSE ÉLÉMENTAIRE ILLUSTRÉ. Édition refondue et augmentée sous la direction de Claude et Paul AUGÉ. Un vol. de 1 275 pages (format 10,5 × 16,5), 2 500 grav., 37 tableaux encyclopédiques dont 2 en couleurs, 24 cartes, 600 portraits. Cartonné, 4 fr.; relié toile, titre or ... 5 francs
(Cet ouvrage est majoré temporairement de 20 %).

**L**AROUSSE CLASSIQUE ILLUSTRÉ, par Claude AUGÉ. Dictionnaire manuel à l'usage des écoles, plus complet qu'aucun autre dictionnaire de même prix. Beau volume de 1 100 pages (format 13,5 × 20), 4 150 gravures, 70 tableaux encyclopédiques dont 2 en couleurs et 114 cartes dont 7 en couleurs. Cartonné.......................... 6 francs
Relié toile (reliure originale de GIRALDON)....... 7 fr. 50
(0 fr. 75 en sus pour frais d'envoi à l'étranger.)
(Cet ouvrage est majoré temporairement de 20 %).

PETIT LAROUSSE ILLUSTRÉ. Publié sous la direction de Claude AUGÉ. Le plus complet et le plus intéressant de tous les dictionnaires manuels. Beau volume de 1 664 pages (format 13,5 × 20), 5 800 gravures, 130 tableaux encyclopédiques dont 4 en couleurs, et 120 cartes dont 7 en couleurs. Relié toile (reliure originale de GRASSET), en trois tons.  10 francs

*(1 fr. en sus pour frais d'envoi dans les localités non desservies par le chemin de fer et à l'étranger.)*

(Cet ouvrage est majoré temporairement de 20 %).

LAROUSSE DE POCHE, par Claude et Paul AUGÉ. Le seul dictionnaire de poche vraiment pratique et complet. Plus de 85 000 mots, avec un traité de grammaire et de littérature française. Joli volume de 1 292 pages sur papier extra-mince (10,5 × 16,5), épaiss. 2 cent., poids 315 gr. Rel. t.  9 francs

(Cet ouvrage est majoré temporairement de 20 %).

LE LAROUSSE POUR TOUS, dictionnaire encyclopédique en *deux volumes*, publié sous la direction de Claude AUGÉ. Une encyclopédie complète à la portée de tous : tous les mots de la langue, toutes les connaissances humaines, sous la forme la plus pratique et la moins coûteuse. 1 950 pages (format 21 × 30,5), 17 325 gravures, 216 cartes en noir et en couleurs, 35 planches en couleurs. Broché . . . . . . . . .  52 francs
Relié demi-chagrin (reliure originale de G. AURIOL).  70 francs

*(Facilités de payement — Prospectus spécimen sur demande.)*

NOUVEAU LAROUSSE ILLUSTRÉ en *huit volumes*, publié sous la direction de Claude AUGÉ. Le plus récent, le plus remarquablement documenté et le plus magnifiquement illustré des grands dictionnaires encyclopédiques, rédigé par plus de 400 collaborateurs d'élite : le plus grand succès de la librairie française. 7 600 pages (format 32 × 26), 237 000 articles, 49 000 gravures, 504 cartes en noir et en couleurs, 89 planches en couleurs. Broché . . . . . . . . . . . . . . . . . . .  320 francs
Relié demi-chagrin (reliure originale de GRASSET).  400 francs

*(Facilités de payement — Prospectus spécimen sur demande.)*

GRAND DICTIONNAIRE LAROUSSE en *dix-sept volumes*. Le plus vaste répertoire encyclopédique du monde entier. 24 500 pages (format 32 × 26), 2 864 gravures. Broché, 650 fr. ; — Relié demi-chagrin . . . . . . . . . . . .  800 francs

*(Facilités de payement — Prospectus spécimen sur demande.)*

*13-17, Rue Montparnasse, Paris
et chez tous les libraires* ═══

# Bibliothèque Larousse
## *encyclopédique et illustrée*
### Directeur : GEORGES MOREAU

LA *Bibliothèque Larousse*, collection véritablement encyclopédique, assemble dans un but de culture française intégrale les ouvrages les plus divers répartis en neuf sections : *Littérature — Beaux-Arts — Sciences — Histoire et Géographie — Médecine et hygiène — Vie sociale et droit usuel — Agriculture — Connaissances pratiques — Sports.* Chaque section renferme en son cadre les connaissances qu'il fallait autrefois rechercher péniblement dans les ouvrages spéciaux, généralement coûteux et, souvent, d'une lecture aride. Cette collection se distingue en outre par une illustration documentaire abondante, par une présentation artistique où se manifeste le goût français, et par son prix des plus modiques.

> *Les ouvrages de cette collection sont majorés temporairement de 30 %*
> *pour les Sections I et II de la Série « Littérature » et de 20 % pour*
> *toutes les autres sections. Ils sont envoyés franco contre mandat-poste*
> *(pour l'étranger, ajouter 20 centimes par volume).*

## LITTÉRATURE

### *I — Les chefs-d'œuvre des grands écrivains*

**RABELAIS : GARGANTUA ET PANTAGRUEL.** Avec biographie et notes, par H. CLOUZOT. *Trois vol.* illustrés de 12 grav. hors texte. Chaque vol., sous couverture rempliée..   2 francs
Relié toile ivoirine, titre bleu et or, tête bleue.....   3 francs

**RONSARD : ŒUVRES CHOISIES.** Avec notices et annotations, par GAUTHIER-FERRIÈRES, lauréat de l'Académie française, *Un vol.*, 4 gravures hors texte, sous couv. rempliée..   2 francs

**CORNEILLE : THÉATRE CHOISI ILLUSTRÉ.** Avec biographie et notes, par Henri CLOUARD. *Trois vol.* illustrés de 24 gravures dont 13 hors texte d'après Gravelot (édition de 1764). Chaque vol., couv. rempl., 2 fr. ; relié toile ivoir...   3 francs

**RACINE : THÉATRE COMPLET ILLUSTRÉ.** Avec biographie et notes, par Henri CLOUARD, *Trois vol.* illustrés de 32 gravures dont 12 hors texte d'après J. de Sève (édition de 1767). Chaque volume, couv. rempl., 2 fr. ; toile ivoirine...   3 francs

MOLIÈRE : Théatre complet illustré. Avec biographie et notes, par Th. Comte, agrégé de l'Université. *Sept vol.* illustrés de 63 grav. dont 36 hors texte d'après Boucher (édition de 1734). Chaque vol., broché, 1 fr. ; relié toile souple.   1 fr. 30

LA FONTAINE : Fables illustrées. Avec biographie et notes, par M. Morel, agrégé de l'Université. *Deux vol.* illustrés de 24 gravures d'après Oudry (édition de 1755) et 4 hors texte. Chaque volume, sous couverture rempliée....   2 francs

BOILEAU : Œuvres poétiques illustrées. Avec biographie et notes, par L. Coquelin. 8 gravures d'après Cochin (édition de 1747). Sous couverture rempliée..........   2 francs

LA BRUYÈRE : Les Caractères. Avec biographie et notes, par René Pichon, agrégé de l'Univ. *Deux vol.* 8 gravures hors texte. Chaque vol., broché, 1 fr. ; relié toile souple..   1 fr. 30

LA ROCHEFOUCAULD : Maximes. Avec biographie et notes, par M. Roustan, agrégé de l'Univ. 4 gravures hors texte, couv. rempliée, 1 fr. 50 ; relié toile ivoirine...   2 fr. 50
En reliure demi-peau, tête dorée................   4 francs

BOSSUET : Œuvres choisies illustrées. Avec biographie et notes, par Henri Clouard. *Deux volumes*, 18 gravures. Chaque volume, broché, 1 franc ; relié toile souple..   1 fr. 30

M^me DE LA FAYETTE : La Princesse de Clèves. Avec biographie et notes, par L. Coquelin. 9 gravures dont 2 hors texte........................ *(En réimpression)*

M^me DE SÉVIGNÉ : Lettres choisies illustrées, suivies d'un choix de lettres de femmes célèbres du XVIIe siècle. Avec biographie et notes, par Marguerite Clément, agrégée de l'Université. — *Deux vol.*, 8 gravures hors texte. — Chaque vol., sous couv. rempliée, 2 fr. ; relié toile ivoirine......   3 francs

REGNARD : Théatre choisi illustré. Avec biographie et notes, par Georges Roth, agrégé de l'Univ. — *Deux vol.*, 8 grav. Chaque vol., couv. rempliée, 2 fr.; rel. toile ivoir.   3 francs

SAINT-SIMON : Mémoires (extraits suivis). Avec biographie et notes, par Aug. Dupouy, agrégé de l'Univ. *Quatre vol.*, 17 hors-texte. Chaque vol., br., 1 fr, ; relié toile souple.   1 fr. 30

ABBÉ PRÉVOST : Manon Lescaut. Avec biographie et notes, par Gauthier-Ferrières. Un volume, 11 gravures. Broché, 1 fr. ; Relié toile souple................   1 fr. 30

J.-J. ROUSSEAU : LES CONFESSIONS (extraits suivis). Avec
biographie et notes, par H. LEGRAND, agrégé de l'Univ.
6 gr. d'après Le Barbier (1774). Couverture rempliée.. 2 francs

J.-J. ROUSSEAU : ÉMILE (extraits suivis). Avec notices et
annotations, par H. LEGRAND. 4 gravures hors texte. Sous
couverture rempliée, 2 fr. ; relié toile ivoirine...... 3 francs

VOLTAIRE : ROMANS. Avec biographie et notes, par H. LE-
GRAND. *Deux vol.* 6 gr. Chaque vol., br., 1 fr. ; rel. t. s. 1 fr. 30

VOLTAIRE : THÉATRE CHOISI ILLUSTRÉ. Avec notes et
notices, par H. LEGRAND. 4 grav. hors texte d'après Moreau
le Jeune (édition de 1784). Br., 1 fr. ; relié toile souple. 1 fr. 30

VOLTAIRE : ŒUVRE POÉTIQUE. Avec notes, par H. LEGRAND.
4 grav., couv. rempliée, 2 fr. ; relié toile ivoirine.. 3 francs

VOLTAIRE : HISTOIRE DE CHARLES XII. Avec notes et
notices par H. LEGRAND. 1 grav. hors texte et 1 carte en
couleurs, couv. rempliée, 2 fr. ; relié toile ivoirine... 3 francs

DIDEROT : ŒUVRES CHOISIES ILLUSTRÉES. Avec biographie
et notes, par Aug. DUPOUY. *Trois vol.* 12 gravures. Chaque
vol. sous couverture rempliée, 2 fr. ; relié t. ivoirine.. 3 francs

MONTESQUIEU : LETTRES PERSANES. Avec biographie et
notes par Ch. GAUDIER, agrégé de l'Université. *Un volume,*
4 gravures hors texte, sous couverture rempliée .... 2 francs

BEAUMARCHAIS : THÉATRE CHOISI ILLUSTRÉ. Avec biographie et notes, par M. ROUSTAN, agrégé de l'Université.
*Deux vol.*, 8 grav. Chaque vol., br., 1 fr. ; rel. t. souple. 1 fr. 30

BERNARDIN DE SAINT-PIERRE : PAUL ET VIRGINIE.
Avec biographie et notes, par Aug. DUPOUY, agrégé de
l'Université. 4 grav. hors texte. Couverture rempliée. 2 francs
Relié toile ivoirine............................... 3 francs

BENJAMIN CONSTANT. ADOLPHE ET ŒUVRES CHOISIES.
Avec biographie et notes par M. ALLEM. 2 hors-texte. Couverture rempliée, 2 fr. ; relié toile ivoirine......... 3 francs

CHATEAUBRIAND : ŒUVRES CHOISIES ILLUSTRÉES. Avec
biographie et notes, par DUPOUY. *Trois vol.* 18 gravures.
Chaque volume, couverture rempliée............ 2 francs

**STENDHAL** : La Chartreuse de Parme. Avec biographie et notes, par Dupouy. *Deux volumes*, 4 gravures hors texte. Chaque volume, couv. rempl. 2 fr. ; relié toile ivoir. . . 3 francs

**STENDHAL** : Le Rouge et le Noir. Avec introduction et notes, par C. Stryienski. *Deux volumes*, 4 gravures hors texte. Chaque volume, couv. rempl., 2 fr. ; rel. t. ivoir... 3 francs

**STENDHAL** : Chroniques italiennes. Avec notices et annotations, par Dupouy. 4 grav. hors texte. Couverture rempliée, 2 fr. ; relié toile ivoirine.................. 3 francs

**BALZAC** : Œuvres choisies illustrées. *Huit volumes* illustrés de 7 gravures et 2 autographes. Chaque volume, broché, 1 franc; relié toile souple................... 1 fr. 30

**BALZAC** : La Rabouilleuse. *Un volume*. 1 gravure hors texte. Sous couverture rempliée............. 2 francs

**GÉRARD DE NERVAL** : Œuvres choisies illustrées. Avec biographie et notes, par Gauthier-Ferrières. 4 grav. Couverture rempliée, 2 fr. ; relié toile ivoirine..... 3 francs

**MURGER** : Scènes de la vie de Bohème. Avec notice biographique. 4 grav. hors texte. Couv. rempliée. 2 francs

**MUSSET** : Œuvres complètes illustrées. *Huit vol.*, 7 grav. et 2 autogr. Chaque volume couverture rempliée. 2 francs

**VIGNY** : Œuvres illustrées. Avec biographie et notes, par Gauthier-Ferrières. *Sept volumes*, 27 grav. hors texte. Chaque vol., couv. rempliée, 2 fr. ; relié toile ivoirine.. 3 francs

**VICTOR HUGO** : Œuvres choisies illustrées. Avec biographie et notices, par Léopold-Lacour, agrégé de l'Université, et préface de G. Simon. *Deux vol.*, 60 grav. (*Poésie*, 1 vol.; *Prose*, 1 vol.). Chaque volume, couverture rempliée. 5 francs
Relié toile ivoirine, 6 fr. ; relié demi-peau, tête dorée. 8 francs

## II — *Anthologies.*

**ANTHOLOGIE** des écrivains français des XVe et XVIe siècles. Avec biographies et notes, par Gauthier-Ferrières. *Deux vol.* (*Poésie*, 1 vol.; *Prose*, 1 vol.). 36 grav. dont 8 hors texte, 18 autogr. Chaque vol., couvert. rempliée 2 francs
Relié toile ivoirine, titre bleu et or, tête bleue..... 3 francs

*13-17, Rue Montparnasse, Paris
et chez tous les libraires* ═══

ANTHOLOGIE DES ÉCRIVAINS FRANÇAIS DU XVIIe SIÈCLE. Avec biographies et notes, par GAUTHIER-FERRIÈRES. *Deux volumes (Poésie*, 1 vol. ; *Prose*, 1 vol.). 45 portraits dont 8 hors texte, 51 autographes. Chaque volume, sous couverture rempliée.................... 2 francs

ANTHOLOGIE DES ÉCRIVAINS FRANÇAIS DU XVIIIe SIÈCLE. Avec biographies et notes, par GAUTHIER-FERRIÈRES. *Deux volumes (Poésie*, 1 vol. ; *Prose*, 1 vol.). 61 portraits, dont 8 hors texte, 56 autographes. Chaque volume, sous couverture rempliée.................... 2 francs

ANTHOLOGIE DES ÉCRIVAINS FRANÇAIS DU XIXe SIÈCLE. Avec biographie et notes, par GAUTHIER-FERRIÈRES. *Quatre volumes (Poésie*, 2 vol. ; *Prose*, 2 vol.). 89 portraits, dont 16 hors texte, 83 autographes. Chaque volume, sous couverture rempliée.................... 2 francs

ANTHOLOGIE DES ÉCRIVAINS FRANÇAIS CONTEMPORAINS (POÉSIE). Avec notices, par GAUTHIER-FERRIÈRES. 4 portraits hors texte et 36 autographes. *Un volume*, sous couverture rempliée.................... 2 francs

*Sous presse :* ANTHOLOGIE DES ÉCRIVAINS FRANÇAIS CONTEMPORAINS (Prose).

ANTHOLOGIE DES ÉCRIVAINS SUÉDOIS CONTEMPORAINS, par T. HAMMAR. 4 gravures hors texte. Broché.... 1 franc
Relié toile souple.................... 1 fr. 30

---

TOURGUENEV : EAUX PRINTANIÈRES. Avec biographie et notice par Michel DELINES. *Un vol.*, une gravure hors texte. Sous couverture rempliée.................... 1 fr. 50

GOGOL : L'INSPECTEUR. Avec biographie et notice. Traduction nouvelle par Ern. COMBES. *Un volume*, une gravure hors texte. Sous couverture rempliée.................... 1 fr. 50

SHAKESPEARE : ŒUVRES CHOISIES. Avec biographie et notices, par G. ROTH, agrégé de l'université. Traduction nouvelle de G. ROTH. *Trois volumes* illustrés de 11 gravures hors texte. Chaque volume sous couverture rempliée. 1 fr. 50

### III — *Histoire des littératures.*

LA LITTÉRATURE FRANÇAISE AU XIXe SIÈCLE, par Ch. LE GOFFIC. Tableau d'ensemble absolument unique de la littérature française contemporaine : tous les genres, tous les écrivains. 76 gravures.................... *(En réimpression)*

LITTÉRATURE ALLEMANDE, par W. THOMAS, agrégé de l'Univ. 57 grav. Br., 1 fr. 20; relié toile souple.   1 fr. 50

LITTÉRATURE ANGLAISE, par W. THOMAS, agrégé de l'Université. 56 grav. Br., 1 fr. 20; rel. toile souple.   1 fr. 50

LITTÉRATURE ITALIENNE, par G.-M. GATTI. 23 grav. Broché. . . . . . . . . . . . . . . . . . . . . . . . . . . . . 1 franc

HISTOIRE DE LA LITTÉRATURE RUSSE, par L. LEGER, membre de l'Institut. 26 grav., 5 autographes. Broché, 0 fr. 75; relié toile souple. . . . . . . . . . . . .   1 fr. 05

### IV — *Monographies.*

FRANÇOIS VILLON, par J. M. BERNARD. Sa vie et son œuvre (avec **extraits**). 6 gravures. Broché. . . . . . .   3 francs

MONTAIGNE, par L. COQUELIN. Sa vie et son œuvre (avec extraits). 6 grav. Br., 0 fr. 75; relié toile souple.   1 fr. 05

MUSSET, par GAUTHIER-FERRIÈRES. Sa vie et son œuvre (avec extraits). 4 grav. Br., 0 fr. 75; rel. t. souple.   1 fr. 05

VIGNY, par Aug. DUPOUY. Sa vie et son œuvre. 4 gravures. Broché, 1 fr., relié toile souple. . . . . . . . . . . . . .   1 fr. 30

DAUDET, par P. et V. MARGUERITTE, etc. Sa vie et son œuvre (avec extraits). 8 gr. Br., 0 fr. 75; rel. t. .   1 fr. 05

GŒTHE, par Ch. SIMOND. Sa vie et son œuvre (avec extraits). 4 gravures. Broché, 0 fr. 75; relié toile souple. .   1 fr. 05

SCHILLER, par Ch. SIMOND. Sa vie et son œuvre (avec extraits). 4 grav. Br., 0 fr. 75; relié toile souple.   1 fr. 05

HEINE, par A. TOPIN. Sa vie et son œuvre (avec extraits). 4 gravures. Broché, 1 franc; relié toile souple. .   1 fr. 30

TOLSTOI, par OSSIP-LOURIÉ. Sa vie et son œuvre (avec extraits). 4 grav. Br., 0 fr. 75; relié toile souple.   1 fr. 05

IBSEN, par OSSIP-LOURIÉ. Sa vie et son œuvre (avec extraits). 4 grav. Br., 0 fr. 75; relié toile souple. .   1 fr. 05

### BEAUX-ARTS

ANTHOLOGIE D'ART FRANÇAIS : XIXᵉ SIÈCLE (PEINTURE), par Ch. SAUNIER. *Deux vol.* contenant 240 reprod. photogr. en pleine page. Chaque volume, broché. . . . . . . . .   2 fr. 50

ANTHOLOGIE D'ART FRANÇAIS : XXᵉ SIÈCLE (PEINTURE), par Ch. SAUNIER. 128 reproductions photographiques en pleine page. Broché. . . . . . . . . . . . . . . . . . . . . .   3 fr. 50

REMBRANDT, par A. BRÉAL. 24 grav. h. texte. Br.   1 fr. 20
Relié toile souple. . . . . . . . . . . . . . . . . . . . . . . . .   1 fr. 50
L'ART A L'ÉCOLE, par Ch.-M. COUYBA et les membres du
Comité de la Société française de l'Art à l'École. 70 gravures.
Broché . . . . . . . . . . . . . . . . . . . . . . . . . . . . . . .   1 fr. 20

## HISTOIRE ET GÉOGRAPHIE

HISTOIRE DE RUSSIE, par L. LEGER. 12 grav., 2 cartes.
Broché, 0 fr. 75 ; relié toile souple. . . . . . . . . . .   1 fr. 05
GÉOGRAPHIE RAPIDE DE L'EUROPE, par Onésime RECLUS.
16 gravures, 1 carte. Br., 1 fr. 20 ; rel. toile souple.   1 fr. 50
GÉOGRAPHIE RAPIDE DE LA FRANCE, par Onésime RECLUS.
18 gravures. Broché, 1 fr. 20 ; relié toile souple. .   1 fr. 50

## SCIENCES PURES ET APPLIQUÉES

QU'EST-CE QUE LA SCIENCE? par F. LE DANTEC,
chargé de cours à la Sorbonne. 88 grav. Broché.   1 fr. 20
Relié toile souple. . . . . . . . . . . . . . . . . . . . . . . .   1 fr. 50
L'ÉVOLUTION DE L'ASTRONOMIE AU XIX$^e$ SIÈCLE,
par P. BUSCO. Pages choisies des grands astronomes. 63 gr.
dont 16 hors texte. Br., 1 fr. 50 ; rel. toile souple.   1 fr. 90
L'ÉVOLUTION DE LA PHYSIQUE AU XIX$^e$ SIÈCLE.
par M. COSMOVICI. Pages choisies des grands physiciens.
8 portraits hors texte. Br., 1 fr. 50 ; relié t. souple.   1 fr. 90
L'ÉVOLUTION DE LA CHIMIE AU XIX$^e$ SIÈCLE, par
Marcel OSWALD. Pages choisies des grands chimistes. 16 por-
traits hors texte. Broché, 1 fr. 50 ; relié toile souple.   1 fr. 90
LE RADIUM, sa genèse, ses propriétés et ses emplois, par
André LANCIEN. 39 grav. et 1 pl. hors texte. Br.   1 fr. 50
Relié toile souple . . . . . . . . . . . . . . . . . . . . . . .   1 fr. 90
LA PHOTOGRAPHIE DES COULEURS, par COUSTET. 22 gr.
Broché, 0 fr. 75 ; relié toile souple. . . . .   (*En réimpression*)
L'ÉLECTRICITÉ A LA MAISON, par H. de GRAFFIGNY.
100 gravures. Broché, 1 fr. 50 ; relié toile souple. .   2 francs
LES ALLIAGES MÉTALLIQUES, par HÉMARDINQUER. 9 gr.
Broché, 0 fr. 50 ; relié toile souple. . . . . . . . . . . .   0 fr. 75
LA VOIX PROFESSIONNELLE, par le D$^r$ P. BONNIER. 39 grav.
Broché, 2 francs ; relié toile souple. . . . . . . . . . . .   2 fr. 50

## VIE SOCIALE ET DROIT USUEL

LA VIE ÉCONOMIQUE, par Frédéric PASSY. Broché.  1 fr. 20
Relié toile souple ...................................  1 fr. 50
ENTRE LOCATAIRES et PROPRIÉTAIRES, par D. MASSÉ.
Broché, 1 fr. 20 ; relié toile souple ............  1 fr. 50
LES ASSURANCES, par E. ADAM. Guide pratique. Broché, o fr. 75 ; relié toile souple................  1 fr. 05
CE QUE LA LOI PUNIT, par GUYON. Code pénal expliqué.
Broché, o fr. 90 ; relié toile souple.................  1 fr. 20
LES ACCIDENTS DU TRAVAIL, par L. ANDRÉ. Br.  1 fr. 20
Relié toile souple ..................................  1 fr. 50
ASSISTANCE AUX VIEILLARDS, aux INFIRMES, aux
INCURABLES. Broché, 1 fr. 20 ; relié toile souple...  1 fr. 50
CODE MUNICIPAL, par Max LEGRAND. Broché.  1 fr. 20
Relié toile souple ..................................  1 fr. 50
DROITS DE TIMBRE et d'ENREGISTREMENT, par A. LANOË.
Broché, 1 fr. 50 ; relié toile souple.............  1 fr. 90
POUR FAIRE SOI-MÊME son TESTAMENT, par Léon PA-
RISOT. Broché, 1 fr. 50 ; relié toile souple.......  1 fr. 90

## MÉDECINE ET HYGIÈNE

L'ESTOMAC, hygiène, maladies, traitement, par le
Dr M.-A. LEGRAND, 14 grav. Br., 1 fr. 25 ; relié t.  1 fr. 75
L'ŒIL, hygiène, maladies, traitement, par le Dr VALUDE,
médecin de la clinique des Quinze-Vingts. 54 gravures.
Broché, 1 fr. ; relié toile. ....................  1 fr. 30
L'OREILLE, hygiène, maladies, traitement, par le Dr M.-A. LE-
GRAND. 74 gravures. Broché.................  1 fr. 20
LA BOUCHE ET LES DENTS, hygiène, maladies, trai-
tement, par le Dr ROSENTHAL. 28 grav. Broché,  1 franc
LE NEZ ET LA GORGE, hygiène, maladies, traitement,
par le Dr A. NEPVEU. 48 grav. Br., 1 fr. 50 ; relié t.  2 francs
LA PEAU et la CHEVELURE, hygiène, maladies, traitement,
par le Dr M.-A. LEGRAND. 65 gravures. Broché.  1 fr. 20
Relié toile ..........................................  1 fr. 50

**LE VISAGE,** CORRECTIONS DES DIFFORMITÉS, par le Dʳ L. LA-
GARDE ; 75 gravures. Broché, 1 fr. 20 ; relié toile.. 1 fr. 65

**LES NERFS** ET LEUR HYGIÈNE, par le Dʳ GUILLERMIN. Broché, 0 fr. 75 ; relié toile souple............... 1 fr. 05

**LES MALADIES** DE POITRINE, par le Dʳ GALTIER-BOISSIÈRE.
63 gravures. Broché, 1 fr. 35 ; relié toile souple.. 1 fr. 75

**CHIRURGIE D'URGENCE,** par le Dʳ L. BILLON. 46 gravures. Broché, 1 fr. 35 ; relié toile souple....... 1 fr. 75

**ARTHRITISME** ET ARTÉRIO-SCLÉROSE, par le Dʳ LAUMONIER.
Broché, 1 fr. 20 ; relié toile souple........... 1 fr. 50

**HERNIES ET VARICES,** par L. et J. RAINAL. 55 gravures.
Broché, 0 fr. 90 ; relié toile souple........... 1 fr. 20

**PRÉCIS D'ALIMENTATION RATIONNELLE,** par le
Dʳ PASCAULT. Broché, 1 fr. 20 ; relié toile souple. 1 fr. 50

**LA CUISINE HYGIÉNIQUE,** par Mᵐᵉ Cl. FAURE, avec
introduction du Dʳ GUILLERMIN. Br., 1 fr. 50 ; rel. t. 1 fr. 95

**POUR ÉLEVER LES NOURRISSONS.** par le Dʳ GAL-
TIER-BOISSIÈRE. 62 grav. Broché, 1 fr. 50 ; relié t. 2 francs

**POUR PRÉSERVER** DES MALADIES VÉNÉRIENNES, par le
Dʳ GALTIER-BOISSIÈRE. 34 grav. Br., 1 fr. 25 ; rel. t. 1 fr. 75

**LES VACCINS MICROBIENS,** par le Dʳ RENAUD-BADET.
12 gravures. Broché, 1 fr. ; relié toile souple..... 1 fr. 30

**PHARMACIE DOMESTIQUE,** par P. HUBAULT, pharma-
cien diplômé. Broché........................ 2 fr. 50

## *AGRICULTURE*

**R**OUTINE ET PROGRÈS EN AGRICULTURE, par
DUMONT. 92 grav. Broché, 1 fr. 80 ; rel. t. souple. 2 fr. 25

**LE JARDIN DE L'INSTITUTEUR,** DE L'OUVRIER ET DE
L'AMATEUR, par P. BERTRAND. Manuel pratique de jardinage.
60 grav. et 9 pl. Broché, 1 fr. 50 ; rel. toile souple. 2 francs

**LE VERGER DE L'INSTITUTEUR,** DE L'OUVRIER ET DE
L'AMATEUR, par P. BERTRAND. 193 gravures. Br.. 1 fr. 50
Relié toile souple........................... 2 francs

**LE BÉTAIL,** par Marcel VACHER. 10 gravures. Br. 0 fr. 75
Relié toile souple........................... 1 fr. 15

**LE PORC,** par Marcel VACHER. 10 gravures. Br.. 0 fr. 75
Relié toile souple................. *(En réimpression)*

TOUTE LA BASSE-COUR, par H. VOITELLIER. 11 grav.,
24 planches..................... *(En réimpression)*

AMÉLIORATIONS DU SOL, par M. ABADIE. 95 grav.
Broché, o fr. 90 ; relié toile souple........... 1 fr. 20

DES FOURRAGES VERTS TOUTE L'ANNÉE, par
COMPAIN. 44 gravures. Broché....... *(En réimpression)*

## CONNAISSANCES PRATIQUES

DÉFENDS TON ARGENT, par G. SOREPH. 4 gravures.
Broché, o fr. 90 ; relié toile souple......... 1 fr. 20

LA CUISINE A BON MARCHÉ, par Mme J. SÉVRETTE.
Broché, 1 fr. 25 ; relié toile souple........... 1 fr. 75

LA NOURRITURE DE L'ENFANCE, par le Dr H. LE-
GRAND. Broché, 1 fr. 20 ; relié toile souple...... 1 fr. 50

LE GUIDE MONDAIN, par la comtesse DE MAGALLON,
Broché, o fr. 90 ; relié toile souple........... 1 fr. 20

CHAMPIGNONS MORTELS ET DANGEREUX, par
F. GUÉGUEN, professeur agrégé à l'Ecole supérieure de Pharmacie. 7 planches en couleurs. Relié toile souple. 1 fr. 50

LE PASSE-TEMPS DES MOIS, par DELOSIÈRE. 111 gravures. Broché.................... *(En réimpression)*

LA MAISON FLEURIE. par F. FAIDEAU. 61 gravures. Broché...................... *(En réimpression)*

POUR VIVRE A LA CAMPAGNE AVEC UN PETIT CAPITAL,
par C. ARNOULD. 71 grav. Br., 1 fr. 50 ; rel. t. souple. 2 francs

LE DESSIN DE L'ARTISAN ET DE L'OUVRIER, par CHE-
VRIER. Broché, o fr. 75 ; relié toile souple....... 1 fr. 05

POUR FORMER UN TIREUR, par VIOLET et VOULQUIN.
Broché, o fr. 75 ; relié toile souple........... 1 fr. 05

FRONTIÈRES FRANÇAISES, FORTS, CAMPS RETRANCHÉS,
par G. VOULQUIN. *Trois vol.* illustrés de nombreuses grav. et
cartes. Chaque vol., broché, 1 fr. 20 ; rel. t. souple. 1 fr. 50

## SPORTS

LE LAWN-TENNIS, LE GOLF, LE CROQUET, LE POLO, par
P. CHAMP, F. DE BELLET, A. DESPRÉS, F. CAZE DE CAUMONT.
50 grav. dont 24 hors texte. Relié toile souple... 2 francs

**LES SPORTS ATHLÉTIQUES** : *Football, Course à pied, Saut, Lancement*, par P. et J. GARCET DE VAURESMONT. 45 gravures. Relié toile souple.............. 2 francs

**LES SPORTS NAUTIQUES** : *Aviron, Natation, Water-polo*, par Louis DOYEN, Paul AUGÉ et Georges MOËBS, 41 grav. dont 24 hors texte. Relié toile souple.......... 2 francs

**LA BOXE** : *Boxe anglaise et française, Lutte*, par J. MOREAU, CHARLEMONT, LUSCIEZ et DERIAZ. 48 gr. Rel. t.. 2 francs

**L'ESCRIME** : *Fleuret, Épée, Sabre*, par KIRCHHOFFER. J. JOSEPH-RENAUD et L. LECUYER. 48 grav. Rel. toile. 1 fr. 30

**LA CHASSE A TIR** AU CHIEN D'ARRÊT ET LA CHASSE AU GIBIER D'EAU, par GASTINNE-RENETTE, P. BERT, C$^{te}$ J. CLARY, VOULQUIN, etc. 128 gravures. Relié toile souple.. 2 francs

**LE PATINAGE ARTISTIQUE**, par Louis MAGNUS. 33 gravures et 19 planches hors texte. Relié toile souple. 2 francs

**LES ÉCLAIREURS DE FRANCE** ET LE ROLE SOCIAL DU SCOUTISME FRANÇAIS, par le capitaine ROYET. 28 gravures hors texte. Relié toile souple..................... 2 francs

**JEUX ET CONCOURS** DE PLEIN AIR à la campagne, à la mer, à l'école, par le baron GUSTAVE. 60 gravures dont 32 hors texte. Relié toile souple............ 2 francs

---

**M**ÉMENTO LAROUSSE *Vingt ouvrages en un seul*. Englobant sous une forme méthodique tous les matériaux d'une solide instruction, le *Mémento Larousse* fait encore place, à côté de la partie purement intellectuelle, à une foule de notions de la vie usuelle qu'on aurait peine à trouver réunies ailleurs. Il forme ainsi un tout d'une exceptionnelle valeur pratique. Le *Mémento Larousse* est le complément du *Dictionnaire Larousse* : il a sa place marquée à côté de lui dans toutes les bibliothèques, sur toutes les tables de travail. A eux deux, l'un dans l'ordre alphabétique, l'autre dans l'ordre méthodique, ils contiennent toutes les connaissances d'utilité journalière.

Beau volume, 730 pages, (13,5 $\times$ 20 cent.), 900 gravures, 82 cartes dont 50 en coul., 90 tableaux synthétiques. Cartonné, 9 fr. ; rel. toile (rel. art. de GIRALDON), titre or. 10 francs

*(Cet ouvrage est majoré temporairement de 20 %).*

# Larousse mensuel illustré

*Publié sous la direction de Claude Augé*

Revue encyclopédique, enregistrant chaque mois dans l'ordre alphabétique, sous une forme documentaire, toutes les manifestations de la vie contemporaine, tient au courant de tout, forme la mise à jour indéfinie du *Nouveau Larousse illustré* et de toutes les encyclopédies. — Paraît le 1er samedi du mois.

LE NUMÉRO de 24 pages gr. in-4° (32 × 26), illustré.   2 francs

ABONNEMENT D'UN AN : France et Colonies....   20 francs

—     —     Étranger (Union post.).   24 francs

*(Ajouter 3 francs si on désire recevoir les numéros sous tube-carton).*

En vente : TOME I (1907-1910). Magnifique volume de 842 pages, 2 812 grav., 103 cartes. — TOME II (1911-1913). Magnifique vol. de 930 pages, 2 340 grav., 82 cartes, 6 planches en couleurs. Chaque volume, broché, 33 fr. ; relié demi-chagrin. .   43 francs
TOME III (1914-1916). Magnifique vol. de 1 000 pages, 2 560 grav., 122 cartes et plans. Br. 35 francs ; rel. demi-chagr.   45 francs

*(Facilités de payement — Prospectus sur demande.)*

---

# Larousse médical illustré

*Publié sous la direction du Dr Galtier-Boissière*

Encyclopédie médicale à l'usage des familles, donnant sous la forme la plus pratique tout ce qu'il est utile de savoir sur nos organes et leurs fonctions, les différentes maladies et leur traitement, l'hygiène, etc. Magnifique volume in-4° de 1 300 pages (format 20 × 27), 2 462 gravures dont un grand nombre de photographies d'après nature, 36 pl. en coul. Broché.   48 francs
Relié demi-chagrin (rel. originale de G. AURIOL)...   60 francs

LAROUSSE MÉDICAL ILLUSTRÉ DE GUERRE. Publié sous la direction du Dr GALTIER-BOISSIÈRE. Blessures et maladies de guerre. Rééducation des mutilés. Br.   16 francs
Relié toile............   20 francs

*(Facilités de payement — Prospectus sur demande.)*

# Collection in-4° Larousse

*Splendides ouvrages de vulgarisation (32×26)
merveilleusement illustrés par la photographie
Reliures artistiques originales*

**HISTOIRE DE FRANCE ILLUSTRÉE** (DES ORIGINES A LA FIN DE LA GUERRE DE 1870-71), *en deux volumes.* La plus intéressante et la plus belle histoire de France qui ait jamais été publiée. 2 028 gravures photographiques, 43 planches en couleurs, 9 cartes en couleurs, 96 cartes en noir. Broché, 67 fr. ; relié demi-chagrin . . . . . . . 87 francs

**HISTOIRE DE FRANCE CONTEMPORAINE, 1871-1913** *(Histoire politique et sociale. — Expansion coloniale. — Mouvement intellectuel).* Tableau le plus documenté et le plus complet de notre activité nationale. 1 164 gravures photographiques, 40 tableaux, 13 planches en couleurs. Broché, 40 fr.; relié demi-chagrin . . . . . . . . . 50 francs

**LA FRANCE, GÉOGRAPHIE ILLUSTRÉE,** *en deux volumes,* par P. JOUSSET. Merveilleuse et vivante évocation de toutes les beautés de notre pays. 1 942 gravures photographiques, 47 planches hors texte, 21 cartes et plans en noir, 30 cartes en couleurs. Br., 67 fr. ; rel. demi-chagr. 87 francs

**PARIS-ATLAS,** par F. BOURNON. 595 gravures photographiques, 32 dessins, 24 plans en huit couleurs. Br. . . 23 francs
Relié demi-chagrin. . . . . . . . . . . . . . . . . 33 francs

**L'ALLEMAGNE CONTEMPORAINE** ILLUSTRÉE , par P. JOUSSET. 588 gravures photographiques, 8 cartes en couleurs, 14 cartes ou plans en noir. Broché. . . 23 francs
Relié demi-chagrin. . . . . . . . . . . . . . . . . 33 francs

**LA BELGIQUE** ILLUSTRÉE, par DUMONT-WILDEN. 601 gravures photographiques, 15 planches hors texte, 4 planches en couleurs, 6 cartes en couleurs, 19 cartes en noir, Broché, 25 francs; relié demi-chagrin. . . . . . . . . . . . 35 francs

**L'ESPAGNE ET LE PORTUGAL** ILLUSTRÉS, par P. JOUSSET, 772 grav. photogr., 10 cartes et plans en coul., 11 cartes et plans en noir. Br., 28 fr. ; relié demi-chagrin. . 38 francs

**LA HOLLANDE** ILLUSTRÉE, par VAN KEYMEULEN, BOOT, etc. 349 gravures photographiques, 2 planches en couleurs, 15 planches en noir, 4 cartes en couleurs, 35 cartes en noir. Broché, 15 francs ; relié demi-chagrin . . . . . . . . . 25 francs

**L'ITALIE** ILLUSTRÉE, par P. JOUSSET. 784 gravures photographiques, 14 cartes et plans en couleurs, 9 cartes en noir. Broché, 28 francs ; relié demi-chagrin . . . . . . . . . 38 francs

**LE JAPON** ILLUSTRÉ, par Félicien CHALLAYE. 677 gravures photographiques, 4 planches en couleurs, 8 planches en noir, 11 cartes et plans en couleurs, 15 cartes et plans en noir. Broché, 25 francs ; relié demi-chagrin . . . . . . . . 35 francs

**LA SUISSE** ILLUSTRÉE, par A. DAUZAT. 635 gravures photographiques, 10 cartes en noir, 11 cartes en couleurs, 2 pl. en coul., 12 pl. en noir. Broché, 23 fr. ; rel. demi-ch. 33 francs

**LA TERRE**, GÉOLOGIE PITTORESQUE, par Aug. ROBIN. 760 gravures photographiques, 24 hors-texte, 53 tableaux de fossiles, 158 dessins et 3 cartes en couleurs. Broché. 22 francs Relié demi-chagrin . . . . . . . . . . . . . . . . . . 32 francs

**LA MER**, par CLERC-RAMPAL. 636 grav. photogr., 16 hors-texte, 4 pl. en couleurs, 6 cartes en coul., 316 cartes en noir ou dessins. Broché, 25 fr. ; relié demi-chagrin . . 35 francs

**LE MUSÉE D'ART** (DES ORIGINES AU XIXᵉ SIÈCLE), publié sous la direction d'E. MÜNTZ. 900 grav. photogr., 50 planches hors texte. Broché, 27 fr. ; relié demi-chagrin . . 37 francs

**LE MUSÉE D'ART** (XIXᵉ SIÈCLE), publié sous la direction de P. MOREAU. 1 000 gravures photographiques, 58 planches hors texte. Broché, 35 fr. ; relié demi-chagrin . . 45 francs

**LES SPORTS MODERNES** ILLUSTRÉS, encyclopédie sportive illustrée, publiée sous la direction de P. MOREAU et G. VOULQUIN. 813 gravures, 28 planches hors texte. Broché, 25 francs ; relié demi-chagrin . . . . . . . . . . . . . 35 francs

*En cours de publication :* LA FRANCE HÉROÏQUE ET SES ALLIÉS, par G. GEFFROY, L. LACOUR, L. LUMET.

Prix de souscription actuel à l'ouvrage complet :

En deux vol. brochés, 60 fr. En deux vol. rel. demi-chag., 80 fr.

Livrables le 1ᵉʳ immédiatement, le 2ᵉ à l'achèvement.

Paris. — Imp. LAROUSSE. 17, rue Montparnasse. — 998-1118